GOETHE IN BUENOS AIRES

Der große argentinische Schriftsteller Jorge Luis Borges
schrieb in einer seiner Oden:
    Nadie es la patria. Pero todos lo somos. Niemand ist die
Heimat, aber wir alle sind sie.

Für diese Weltoffenheit gilt es sich einzusetzen.

Henriette Kaiser

GOETHE
IN BUENOS AIRES

Faber & Faber

VORWORT

»Die Heimat konnten sie uns rauben. Unsere Kultur und Sprache aber nicht.« So eine Dame 2014 in Buenos Aires. Die Dame ist 88 Jahre alt, Jüdin, in Köln geboren. »Sie« sind die Nazis.

Fünf deutsch-jüdische Flüchtlinge erzählen in diesem Buch, wie sie kurz vor oder zu Beginn des Krieges mit ihren Eltern aus Nazi-Deutschland entkamen, auf ein Schiff stiegen und Wochen später Argentinien erreichten. Im Jahr 2020 korrigieren und ergänzen wir gemeinsam die ausgearbeiteten Gesprächsaufzeichnungen. Inzwischen sind die Gesprächspartner über 95 Jahre alt. Sie sind die allerletzten Zeitzeugen, die aus eigener Erfahrung über die Flucht vor den Nazis und das Ankommen in der Fremde berichten können.

Schon ihre Kinder haben die Flucht der Eltern nur indirekt mitbekommen, gleichwohl ihre Biografien davon stark tangiert wurden. Auch ihre Perspektiven werden in *Goethe in Buenos Aires* erzählt. Ein verbindender Hauptaspekt kristallisiert sich zu meiner Überraschung bei allen Gesprächspartnern heraus: die Liebe zur deutschen Kultur und Sprache. Wir versuchen dieser Liebe auf den Grund zu kommen, denn selbstverständlich ist sie keineswegs. Anders als die hier versammelten Zeitzeugen haben viele deutsch-jüdische Flüchtlinge mit der Ankunft im neuen Land ein für alle Mal bewusst mit Deutschland abgeschlossen. Nie wieder ein deutsches Wort.

Argentinien ist nicht so sehr dafür bekannt, dass es jüdische Flüchtlinge aufnahm. Dabei waren seine Grenzen für sie deutlich länger offen als beispielsweise in den USA. Ungefähr 45000 deutschsprachige Juden konnten derart nach Argentinien entkommen. Diese Zahl taucht in den meisten

Statistiken auf. Freilich kann sie nicht eindeutig verifiziert werden, und manche Kritiker behaupten, es seien nur ungefähr 25 000 gewesen.

Argentinien, Brasilien, Chile – die sogenannten ABC-Länder – sind eher dafür bekannt, dass sie direkt nach dem Krieg viele Nazis, unter ihnen auch die schlimmsten Verantwortlichen, aufgenommen haben. Natürlich wird dieser Punkt in den Gesprächen thematisiert. Was ging in den Gesprächspartnern und ihren Eltern vor, als sie hier auf ihre Verfolger stießen?

Die Gesprächspartner möchten nicht nachträglich als Opfer des Naziregimes stigmatisiert werden, sondern ihre Lebensgeschichten vorwärtsgerichtet erzählen. Natürlich aber werden die Verbrechen benannt, nicht zuletzt deshalb, weil viele Familienmitglieder und Freunde von ihnen, die nicht fliehen konnten, in den Konzentrationslagern umgebracht wurden. Es wird auch deutlich, welche Schwierigkeiten ihre Eltern in der Ferne hatten. Außerdem zeigt sich, welchen Zwiespalt sie selber heute noch in sich tragen, obwohl sie seit ihrer Kindheit in Argentinien leben, bestens integriert sind, fließend Spanisch sprechen und erfüllte Leben hatten und haben.

Darüber hinaus vermitteln sich bürokratische und andere irrwitzige Faktoren, die ihre Fluchten, Schiffsfahrten und Einwanderungen begleitet haben. Hauptsächlich offenbaren ihre Schicksale aber eine Lebenszuversicht bis in dieses hohe Alter hinein. Es vermittelt sich zwischen den Zeilen eine Essenz davon, wie es überhaupt gelingen kann, an tragischen Umständen, an riesigen Umwälzungen nicht zu zerbrechen oder in einer Opferrolle, in Hass, Wut, Trauer zu erstarren. Sondern wie trotz solcher Ereignisse ein bejahendes, zukunftsorientiertes Dasein möglich ist.

Viele Details der Fluchtgeschichten sind an die damaligen Umstände in Deutschland, in der Weltpolitik und in Argentinien gekoppelt und können nicht auf andere Fluchtschicksale übertragen werden. Aber vieles, was diese Zeitzeugen berichten, erleben im Kern auch andere Menschen bei einer Flucht, bei der Notwendigkeit, in ein Exil auszuwandern. Die Flüchtlinge in den Epochen vor ihnen, die aktuellen und die zukünftigen ebenso. Egal, woher sie kommen, warum sie fliehen müssen und wohin sie zu entkommen versuchen: Es sind Menschen, die ihre Länder verlassen, ihre Heimat, ihre Kultur. Das hat Auswirkungen auf die Menschen – und auf die Herkunftsländer. Sie kommen in einem fremden Land mit einer unbekannten Kultur an. Das hat Auswirkungen auf die Menschen – und auf die Ankunftsländer.

Die Lebenserzählungen der deutsch-jüdischen Flüchtlinge und ihrer Nachkommen bilden jede für sich das Zentrum von *Goethe in Buenos Aires*. Ich verknüpfe sie mit dem Eigenleben einiger deutscher Elemente, die ich während meiner langen Aufenthalte in Argentinien zwischen 2011 und 2020 überraschend vielfältig erlebt habe. Und zwar nicht nur durch hohe Kulturträger, wie Goethe es versinnbildlicht, sondern auch durch eine Kuckucksuhr, bei einer Fußballübertragung. Und mitten im Herzen der argentinischen Kultur: im Tango.

Eine Lebensgeschichte aus einer anderen Perspektive schließt *Goethe in Buenos Aires* ab. Eine hochbetagte Dame erzählt, wie sie Anfang der 1950er-Jahre ihren Vater nach Buenos Aires begleitete. Er war einer dieser hohen Nazis, der dort unter Pseudonym aufgenommen wurde. Sie fand in Buenos Aires den Mann ihres Lebens: einen Auschwitzüberlebenden.

Mit einer Bitte möchte ich das Vorwort abschließen. Die Gespräche waren keine Verhöre. Meine Gesprächspartner und ich beabsichtigten auch keine Geschichtsaufarbeitung, keine wissenschaftliche Analyse. Nein. Wir wollten nur ihre persönlichen Lebensgeschichten vor dem Vergessen bewahren. Es kann sein, dass einige Daten, Fakten, Namen, Ereignisse in den Erinnerungen nicht ganz korrekt sind. Meine Gesprächspartner waren Kinder, Jugendliche, als sie fliehen mussten.

Vieles haben sie damals nicht alles verstanden oder vieles nicht mitbekommen. Einiges haben sie sich später sicher erklären können, manches aber auch nicht. Außerdem erzählen sie ihre Schicksale als Hochbetagte. Da verwischen einige Erinnerungen, da tauchen Erlebnisse auf, die kindlich wirken, da gibt es Lücken. Manchmal konnte ich nachhaken, vieles musste ich offenlassen. Manches habe ich recherchieren und korrigieren können. Aber nicht alles. Lebendiges Dasein.

Alle Gesprächsteilnehmer haben einer Veröffentlichung meiner Ausarbeitungen zugestimmt. Dafür danke ich ihnen. Wie ich ihnen für alles danke. Dafür, dass ich sie kennenlernen durfte. Für ihre Offenheit, ihr großes Vertrauen und ihre freundschaftliche Nähe. Danke.

LIESEL BEIN
und die Sache mit der Einbürgerung

29. März 2014. Es fällt schwer, sich auf das Gespräch zu konzentrieren. In jedem Winkel der Wohnung entdeckt man phantasievolle Holzfiguren. Wir beschließen, uns nach der »Arbeit« den Spielsachen zu widmen. Darüber freut sich besonders Jannis, unser Tonassistent, der zehnjährige Sohn von Eduardo Safigueroa, unserem Kameramann, und Juliana Fischbein, die mir den Kontakt zu Liesel ermöglichte. Die sportliche Liesel mit dem wachen Lachen installiert sich auf dem Sofa, versinkt in dem alten Polster und beginnt zu erzählen.

Ich bin am 28. Januar 1926 in Köln geboren. Eigentlich wohnten wir in Mönchengladbach. Aber da meine Mutter schon ein Kind verloren hatte, bestand meine Großmutter darauf, dass die Entbindung in Köln stattfinden solle. Sie glaubte, in Mönchengladbach gäbe es keine guten Ärzte. Also bin ich Kölnerin.

In Mönchengladbach wohnten wir über dem Geschäft, das mein Vater betrieb. Ein Tapezierladen mit Tapeten, Farben und allem, was man zum Malern und Streichen braucht. Das Geschäft stammte noch von meinem Großvater. Er hatte es ungefähr im Jahr 1888 eröffnet.

Vier Jahre nach mir kam mein Bruder zur Welt. Leider ist er schon vor langer Zeit gestorben.

Wann sind in Ihrer Familie zum ersten Mal Überlegungen aufgekommen, dass Sie Deutschland verlassen müssen?
Bei meinen Eltern wahrscheinlich viel früher als bei mir, ich war ja ein Kind. Ich habe noch einen wunderbaren Sommer in Holland erlebt, wo eine Schwester meines Vaters für ihre Familie einen Campingwagen gekauft hatte. Wir Kinder fanden das herrlich. Dass die dort wohnten, weil sie aus Deutschland

wegmussten, war mir nicht klar. Ich kann mich nur an ein Gespräch erinnern, das mein Vater mit meinem Onkel führte. Mein Vater sagte:»Wenn du nicht gehst, gehe ich.« Mein Onkel wollte nicht gehen, er hatte früher in einer Bank gearbeitet und war ein Büromensch. Jetzt sollte er Spargel züchten und Hühner großziehen, das wollte er nicht. Da habe ich gemerkt, dass etwas nicht stimmt. Und dann kam Kundschaft in unseren Tapezierladen, eine Dame mit ihrer Tochter, die etwa so alt war wie ich. Ich habe meine Mutter gefragt, ob ich sie mal einladen darf. Da hat meine Mutter gesagt:»Du kannst kein christliches Mädchen einladen, und sie können Dich auch nicht einladen.« Gut, das habe ich gehört und dann wieder vergessen. Das war ungefähr 1936, ich war vielleicht zehn Jahre alt.

Meine Eltern unternahmen Schritte für verschiedene Auswanderungsmöglichkeiten. Zum Beispiel für die USA. Da wurde man auf eine Liste gesetzt, denn sie ließen ja nicht einfach alle rein. Das ging nach Liste und man musste einen Gewährsmann haben. Eine Schwester meiner Mutter kannte Leute, die ein Affidavit ausstellen konnten, aber nicht für zwei Familien. Dann haben wir Australien und Kanada in Erwägung gezogen, aber das hat alles nicht funktioniert.

Wir hatten aber Bekannte, die schon in Argentinien waren, die haben das dann gemanagt. Ich glaube, ein Onkel hat diesen Leuten von Holland aus Geld überwiesen, das mein Vater immer in kleinen Mengen nach Holland geschafft hatte. Mein Vater musste für Argentinien einen Arbeitsvertrag vorweisen und belegen, einen besonderen Beruf zu haben. Über eine Cousine, deren Vater eine Zigarrenfabrik hatte, bekam er die Bestätigung, Fachmann für Zigarrenfarbpuder zu sein. So etwas gibt es überhaupt nicht! Das hat mein Vater unterschrieben und ist damit in Deutschland ins Kommissariat gegangen. Und der Kommissar hat unterzeichnet, dass die Aussage von Federica Wallach richtig sei. Sonst wären wir nicht aus Deutschland herausgekommen. Als mein Vater Jahre später zum ersten Mal wieder in Deutschland war, hat er diesen Kommissar gesucht, um sich bei ihm zu bedanken. Schließlich hatte er auch sein Leben aufs Spiel gesetzt.

Und dann sind Sie mit der gesamten Familie auf ein Schiff gestiegen?

Das hört sich so einfach an, nicht? Aber Sie müssen die Dokumente sehen! Man muss ja erst einmal eine Auswanderungserlaubnis bekommen für ein nicht konzessioniertes Schiff. Die ist gültig für drei Monate. Dann muss man ein Schiff finden, das innerhalb von drei Monaten ablegt, dann alle Sachen einpacken, auf Listen eintragen und verschiffen.

Wir sind über Belgien mit einem Frachter nach Argentinien gefahren, 33 Tage über den offenen Ozean. Start war am 10. Oktober 1939, da hatte der Krieg schon begonnen. Ich

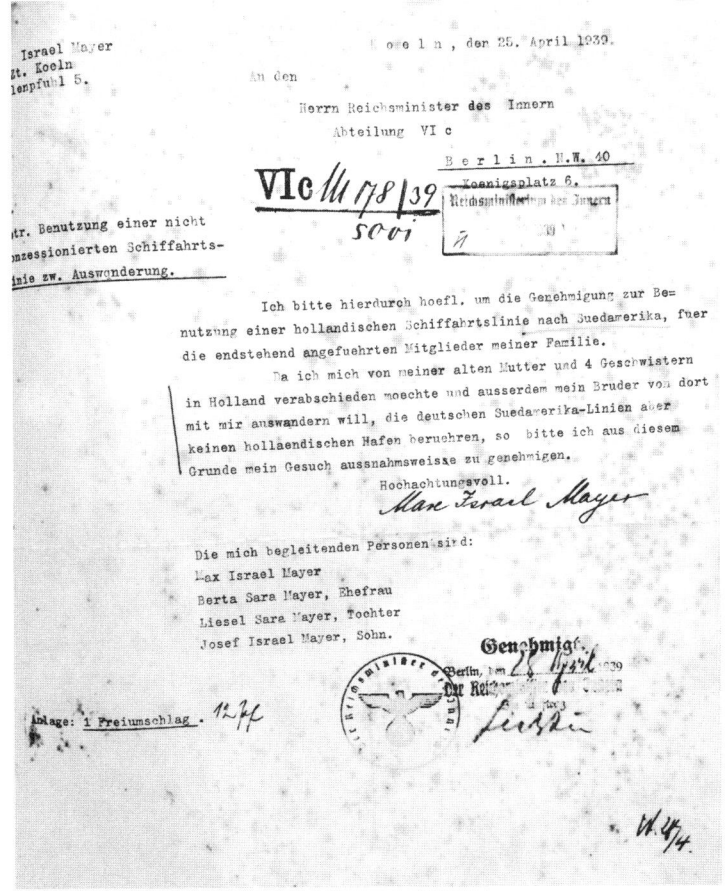

Reise
Umzugsgutverzeichnis
(in doppelter Ausfertigung einzureichen)
Vor Ausfüllung Merkblatt für die Mitnahme von Umzugsgut durchlesen!

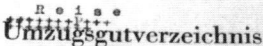

Beförderungsart: *)
K o f f e r

Name und genaue Anschrift des Auswanderers: Zum Antrag vom 16. Septbr. 1939
Max Israel Mayer, z. Zt. Köln, Perlenpfuhl 5

Lfd. Nr. **)	Abschnitt ***)	Stück	Gegenstand (genaue Bezeichnung)	Einkaufspreis	Zeitpunkt der Anschaffung	Bemerkungen
1	I.	3	Herrenanzüge			
2	"	1	Wintermantel			
3	"	3	Oberhemden			
4	II.	1	Regenmantel			
5	"	4	Herrenanzüge			
6	"	3	Herrenhosen			
7	"	2	Leinenanzüge			
8	"	2	Herrenjoppen			
9	"	8	Oberhemden m.Kragen			
0	"	8	Unterhosen			
1	"	3	Hüte			
2	"	12	Paar Socken			
3	"	4	" Schuhe			
4	"	4	Nachtanzüge			
5	"	20	Taschentücher			
6	"	12	Selbstbinder			
7	"	2	Anstreicherkittel			
8	"	1	Armbanduhr,Trauring			
9			Toiletten-Gegenstände			
0	I.	1	Foto-Apparat			

*) Anzugeben ist, ob die Sachen befördert werden sollen:
  a) in Möbelwagen, in besonders gedeckten Güterwagen, als geschlossene Sendung in anderen Beförderungsmitteln oder in Behältern bzw. Liftvans, die zollsicher verschlossen werden können;
  b) als Reisegepäck, Expreß-, Eil- oder Frachtstückgut;
  c) als Handgepäck.
**) Die laufende Nummer darf nicht geändert und nicht mit Zusatz, z. B. a) und b) versehen werden.
***) Vgl. Nr. 4 des Merkblatts.

Vordruck Dev. V 3 Nr. 5 — 10 000 — 7. 39.   Rückseite nicht beschreiben!

glaube, ein englischer Lotse hat den Frachter durch Antwerpen und den Ärmelkanal geschleust. Auf diesem Schiff waren Diplomaten, argentinische Studenten aus Aachen, Flüchtlinge aus ..., also wie wir, aber auch Flüchtlinge aus Österreich und Polen. Wir waren höchstens fünfzig Personen. Mehr passten nicht auf das Schiff. Ich habe sehr schöne Sachen in meinem sogenannten Poesiealbum, auch von einem Konsul.

Wie war die Stimmung auf diesem Schiff?
Ausgezeichnet. Wir waren alle froh, dass wir rauskamen.
Mein Vater hat bei der Äquatortaufe gesungen. Ein damals
bekannter Opernsänger, ich erinnere den Namen nicht mehr,
hat sich irgendeinen Umhang umgeworfen und italienische
Lieder gesungen. Dann ging's los, als wir hier ankamen.
Mein Vater war 54 Jahre alt, hatte zwei Kinder, eine Frau,
konnte die Sprache nicht. Wir hatten kein Geld, keine Möbel,
nichts, nur etwas Wäsche.
Ich dachte, Ihre Eltern hätten alles eingepackt
für die Verschiffung?
Drei Schiffskoffer sind angekommen, mit der Wäsche zum
Glück. Und zwei weiße Leinenanzüge für meinen Vater und
meinen Bruder – wofür? Wir dachten, wir kämen in ein tropi-
sches Land. Gott sei Dank hatten wir auch vier Steppdecken,
es gibt ja kalte Winter hier. Der Lift mit all den Möbeln und
anderen Sachen ist nur bis Antwerpen gekommen. Fracht
hatten wir bezahlt bis Buenos Aires, und zwar über Hamburg.
Da ging aber nichts mehr raus. Es war ja Krieg, es ging kein
Schiff mehr. Dann ist der Lift beschlagnahmt worden. Ich
habe sogar noch den Beleg aus Antwerpen. Eine Schwägerin
von mir, die Belgierin war und nach dem Krieg wieder
nach Belgien fuhr, ist dort hingegangen und der Inhaber der
Speditionsgesellschaft hat ihr den Beleg gegeben.
Das Schiff ist von Antwerpen direkt nach Buenos Aires
gefahren?
Nein, zuerst nach Brasilien, vielleicht auch noch nach
Montevideo, das weiß ich aber nicht mehr genau, und dann
nach Buenos Aires. Wir lagen drei Tage in Rio de Janeiro
und drei Tage in Santos, wo Bananen geladen wurden. Dann
hatten wir keinen Platz mehr, weil die Bananen nicht unter
Deck geladen wurden, sondern auf Deck. Damit sie nicht faul
wurden oder zu rasch reiften – ich weiß es nicht. Ab und zu
durften wir auch Bananen essen. Wir hatten gerade noch
einen Gang auf dem Deck, wo wir hin- und hergehen konnten.
Mein Vater hat gesungen: »It's a long way through the bananas,
it's a long way to go.« Seinen Humor hat mein Vater behalten.

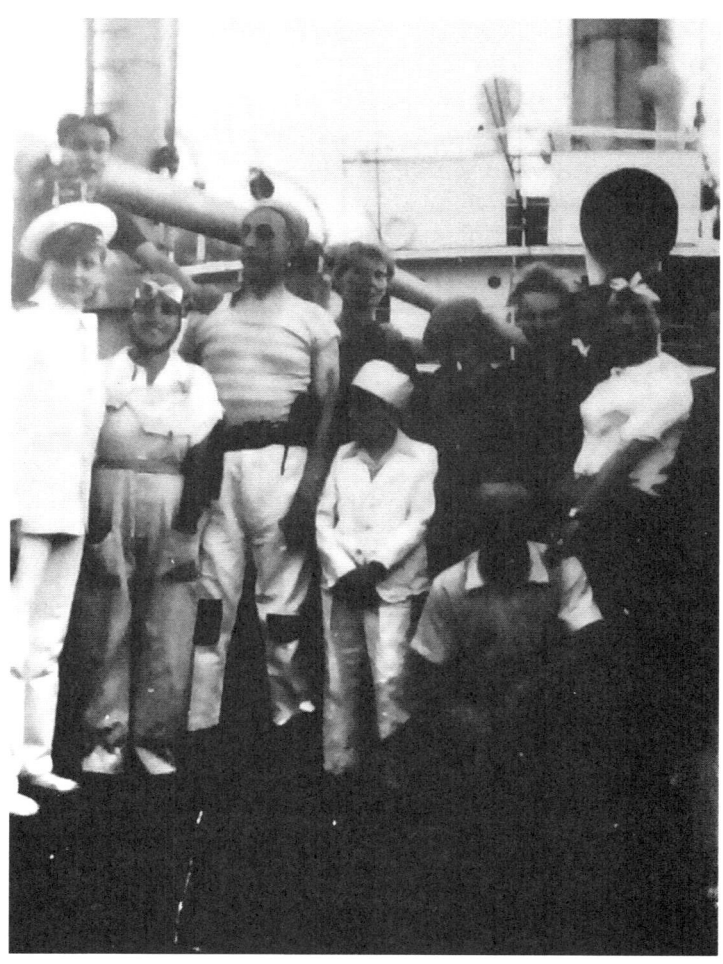
Äquatortaufe, aus dem Fotoalbum von Liesel Bein

Was war der erste Eindruck von Buenos Aires?
Der erste Eindruck war vor allen Dingen Ärger, haha! Da
kamen die Leute und haben uns aus dem Schiff geholt. Dann
kam der Zoll, da wurde immer noch etwas gestohlen. Dann
haben wir den Zug genommen, von Retiro nach Colegiales.
Dort lebten die Leute, die uns zuerst aufgenommen haben.
Sie fragten mich: »Und wie gefällt dir Argentinien?« Da habe
ich gesagt: »Was soll ich sagen? Ich komm nach dreiund-

Der erste Blick auf Buenos Aires, aus dem Fotoalbum von Liesel Bein

dreißig Tagen auf dem Ozean in ein fremdes Land und sehe nur ein paar Häuser.« Aber dann war der erste Eindruck der Geruch von Jasmin, die Eisverkäufer bis in die hohe Nacht hinein, Laponia-Eis, und die Männer, schon in Pyjamas, die auf der Straße in ihren Sesseln gesessen haben, um ein bisschen Luft zu schöpfen, weil es so heiß war. Das sind Sachen, die ich nicht gekannt habe. Ja.

Weihnachten haben Sie vermutlich nicht gefeiert?

Aber hier in Argentinien wurde Weihnachten gefeiert.
Aber anders als in Deutschland. Es gab ja keinen Schnee.
Und es war laut. Laute Musik überall. Das ist auch immer
noch so. Weihnachten ist hier super laut.
Ja, sogar mit Feuerwerk.
Vielleicht wird es in den Kirchen feierlich gefeiert. Zu Hause
isst man pan dulce und trinkt etwas dazu, und damit hat sich's.
Keine Weihnachtslieder, nichts. Später, in einem Chor habe
ich Weihnachtslieder gesungen.
Wo war Ihre erste Wohnung?
Hier ganz in der Nähe, in der (calle) Zapiola 2241, bei den
Leuten, die uns geholfen haben. Die hatten ein Haus gemietet,
so ein Haus, una propiedad horizontal – wie nennt man das
– una casa con patio y habitaciones, also ein Haus mit zwei
Zimmern vorne, dann ein großer Patio, dann noch ein Zimmer
und hinten eine Küche, eine Treppe, die auf die Terrasse führte.
Da war auch das Dienstbotenklo mit Dienstbotenzimmer. In
diesem Haus wohnte dieses Ehepaar, das uns geholt hat.
Wir waren vier, dann noch eine Tante, ein Onkel und ihre
Tochter, ein Bruder der Frau und noch ein Ehepaar. Wir waren
sechzehn, siebzehn Leute. Ein paar Männer gingen schon
zur Arbeit, und so wurde morgens genau bestimmt, wer in
welches Bad geht. Rasieren mussten sich alle gleichzeitig, für
die Toilettengänge wurde das Dienstbotenklo benutzt. Dann
durften die Frauen, die gearbeitet haben, das Bad benutzen
und zum Schluss die Frauen, die nicht gearbeitet haben. Sonst
wäre es unmöglich gewesen bei so vielen Leuten.
Und Ihr Vater, der Tabakfarbenspezialist?
Mein Vater, der Tabakfarbenspezialist, hat sofort Arbeit gefunden, weil er malern und anstreichen konnte. In weiser
Voraussicht hatte mein Großvater ihn dieses Handwerk lernen
lassen, nicht, um es eventuell zu gebrauchen, sondern um die
Kunden besser beraten zu können. Wegen dieser Ausbildung
hat er sofort bei einem Schweizer Arbeit bekommen. Nach
zehn Tagen bekam mein Vater einen Hitzschlag, ist gestürzt
und hatte eine Gehirnerschütterung. Zum Glück war der
Schweizer versichert. Mein Vater war acht Tage lang in einer
Klinik. Aber er hat sich erholt.

16

Ich habe auch gearbeitet, beinahe sofort. (leise) Da ist so furchtbar viel zu erzählen.

Sie sind nicht mehr zur Schule gegangen?

Ich habe viele Freundinnen, die nicht mehr zur Schule gegangen sind, weil sie arbeiten mussten, und weil die Eltern kein Geld hatten, sie zur Schule zu schicken. Manche haben einen Kurs belegt, um Schreibmaschine zu lernen. Das habe ich später auch gemacht. Ich habe in einem Büro gearbeitet oder als Verkäuferin oder in einem Haushalt geholfen, oder was auch immer. Aber ich habe das alles nicht als so schrecklich empfunden. Ich weiß nicht warum.

Was haben Sie ganz am Anfang gearbeitet, Sie konnten ja noch kein Spanisch?

Nein, natürlich nicht. Ich war zuerst bei einem Ehepaar, das waren polnische Juden. Sie wohnten in einer Pension in einem Vorort, Florida. Da bin ich hingefahren und habe auf ihr Baby aufgepasst, während sie arbeiten gegangen sind. Ich habe auch die Windeln gewaschen. Das hat mir die Frau beigebracht, der die Pension gehörte. Sie hat mir gezeigt, wie man auf einem Brett die caca wegmacht. Das Kind hatte ziemlich viel Durchfall, aber es war sehr niedlich. Abends, wenn die Eltern zurückkamen, ging ich nach Hause. Der Vater des Kindes hat mich immer bis zur Bahn gebracht, weil es schon dunkel war. Dann bin ich die fünf Stationen bis Colegiales gefahren.

Danach war ich bei einer anderen Familie. Sie war Schwedin, er war Lette. Er hatte im lettischen Konsulat in Brasilien gearbeitet und wurde hierher versetzt. Aber das Konsulat existierte da nicht mehr, Lettland wurde ja von Russland annektiert. Nach sechs, sieben Monaten sind sie wieder nach Brasilien zurückgekehrt. Er konnte dort zum Glück eine Fabrik aufmachen. Sie hatten zwei Kinder. Ich habe bei ihnen im Haus gewohnt und bin einmal in der Woche für einen Nachmittag nach Hause gekommen.

Meine Eltern hatten in der Zwischenzeit eine Wohnung hier in der Nähe gefunden. Von den vier Zimmern haben sie zwei vermietet. Mein Bruder ging noch auf die Schule, natürlich, er war ja erst neun Jahre alt. Zuerst ging er ein paar Monate auf die Pestalozzischule, dann konnten wir das nicht

mehr bezahlen, da kam er auf eine Staatsschule und hat im Handumdrehen Spanisch gelernt.
Und wie haben Sie Spanisch gelernt?
Ja, wie habe ich Spanisch gelernt ... Keine Ahnung. Nicht bei den Polen, nicht bei den Letten oder Schweden. Von dem Dienstmädchen, das bei denen gearbeitet hat, vielleicht. Dann habe ich bei einer Modezeichnerin gearbeitet. Was ihr Mann gemacht hat, weiß ich nicht mehr. Sie wohnten in einer Pension hier in Belgrano und hatten ein kleines Mädchen, das ich nachmittags gehütet habe. Vormittags habe ich manchmal bei Holzleuten aus Österreich im Haushalt mitgeholfen, Großreinemachen und so. Ah, stimmt! Dann war ich noch Kindermädchen bei Familie Heller, auch Holzleute aus Österreich, die aber mit Geld hierhergekommen waren, weil sie viel früher ausgewandert waren. Die wohnten in Recoleta. Dort gibt es einen sehr schönen Park. In den ging ich mit dem Kind, und dorthin kamen all die Kindermädchen, die Nurses, von den guten argentinischen Familien, die mit den Kindern Englisch sprachen. Da habe ich fleißig Englisch gelernt. Bevor ich Spanisch konnte, habe ich mein Englisch aufgebessert.

Und dann, wo war ich dann? Ja, von da aus bin ich über Günter und Käthe Ballin, die an der Pestalozzischule Arbeit gefunden hatten, nach Córdoba gekommen, weil Herr Sulzberger, ein Sozialist und Lehrer an der Pestalozzischule, dort in den Bergen für eine Ferienkolonie Leute zum Aufpassen brauchte. Ich durfte um Gottes willen nicht sagen, dass ich erst fünfzehn war. Aber ich habe gar nicht richtig gelogen, weil ich dort sechzehn wurde. Das war herrlich! Zweieinhalb Monate habe ich Kinder gehütet. Aber ich habe auch Reiten gelernt. Das waren richtige Ferien für mich und ich habe Mädchen und Jungs in meinem Alter kennengelernt, die dort Ferien machten.
Wie haben denn Ihre Eltern das Problem mit der Sprache gelöst?
Meine Mutter lernte die Sprache kaum. Höchstens das, was sie zum täglichen Gebrauch benötigte. Die Emigranten haben sich gegenseitig geholfen. Zum Beispiel gab es eine Familie

Kahn und eine Familie Meyer, die hatten ein Geschäft auf einem internen Markt. Da wurde Deutsch gesprochen. Da hat sie ihre Einkäufe gemacht. Wie heißen denn diese Geschäfte in Deutschland, die kein Gemüse verkaufen, sondern nur Mehl, Zucker, Butter und so?

Kolonialwarenladen?

Kolonialwarenladen. Genau! (lacht) Da gab es auch Kerosin für den Ofen im Winter. Wir hatten ja keinen Gasofen zum Heizen. Nur in der Küche hatten wir einen Gasofen zum Kochen. Die Leute aus dem Kolonialwarenladen brachten das Kerosin sogar nach Hause. Dann kam Bäcker Strauß mit Pferd und Wagen, mit Brot, Brötchen und Keksen. Und dann war da Elektriker Wolf, der alle elektrischen Geräte hatte. So hat einer dem anderen geholfen. Mein Vater hat auch Zimmerleute und andere Handwerker kennengelernt. Er lernte ganz gut Spanisch. Er wurde dann selbstständig und hatte Angestellte, mit denen musste er Spanisch sprechen.

Der Zusammenhalt war also keine Abschottung gegen die Argentinier, sondern ein Helfen untereinander.

Weil wir ja alle kein Spanisch sprachen, das kam alles viel später.

Das Klima hatte vor allem meiner Mutter sehr zugesetzt, diese furchtbare Hitze im Sommer. Und weil sie alles selber machen musste. Man hatte ja kein Geld für eine Hilfe im Haus. Wir waren vier Leute. Anfangs haben noch mein Onkel, meine Tante und ihre Tochter bei uns gewohnt, und zwei Zimmer wurden vermietet. In einem Zimmer wohnte eine alte Dame, für die hat meine Mutter sich auch um das Essen gekümmert. Sie kam körperlich an ihre Grenzen und dann hat sie auch noch Zucker bekommen. Es ging ihr nicht gut. Mein Vater ist besser mit der Umstellung fertig geworden. Meinen Eltern hat Deutschland sehr gefehlt, vor allem die Landschaft. Als ich aus Córdoba zurückkam und begeistert von den Bergen und Flüssen erzählte, da hat mein Vater gesagt: »Ja, aber das sind keine deutschen Wälder.«

Inwieweit ist Ihren Eltern und vielleicht auch Ihnen wichtig gewesen, dass Sie hier noch deutsche Kultur …

... aber wie! Aber wie! Es gab auch ein deutsches Theater, die *Freie Deutsche Bühne*. Auch die Pestalozzischule hat viel geholfen. Ich war nicht auf der Schule, aber ich habe mit ihr Kontakt gehabt. Dann gab es eine deutsch-jüdische Zeitung, von der ich noch die letzten zwei Exemplare habe. Dann haben wir in der JKG (Jüdische Kultur Gemeinschaft) Deutsch gesprochen. In den Synagogen-Gemeinden waren die Predigten auch auf Deutsch. Dann haben sich Jugendgruppen gebildet, wo wir Deutsch sprachen. Da habe ich eine Kindergruppe geleitet. Die Kinder sprachen Deutsch mit mir. Ich habe auch noch ein Dankesschreiben von denen. (Liesel durchsucht die Dokumente auf dem Tisch.) Hier! Aus dem Jahr ... welches Jahr steht da?
Ein Dankesschreiben, ist das jetzt das handgeschriebene?
Nein, das darunter!
Da steht »Aus dem Jahr 1946«.
Sehen Sie, das habe ich immer noch auf Deutsch geschrieben. 46. Aha.
Da waren Sie dann schon sieben Jahre hier.
Sechs Jahre. 39 kann man nicht rechnen. Wir sind am 13. November hier angekommen. Also sechs Jahre.
Aber irgendwann haben Sie ja Spanisch gelernt.
Ja. Als ich aus Córdoba zurückkam, hat Dr. Dang, das war der Rektor der Pestalozzischule, mir angeboten, ein Jahr auf die Pestalozzischule zu gehen, damit ich für das Abschlusszeugnis eine höhere Schule besuchen kann. Das wollte ich aber nicht. Ich war schon sechzehn und hätte mit Zwölfjährigen auf der Schulbank gesessen. Das mochte ich nicht. Stattdessen bin ich in die Academia Pitman gegangen und habe Kurzschrift, Steno, Schreibmaschine und Redaktion von kommerziellen Briefen gelernt und sofort eine Anstellung bekommen bei dem Vater eines Kindes, das in der Ferienkolonie war.

Bei Pitman habe ich Spanisch gelernt. Am meisten aber in der Zeit meiner Anstellung bei dem Wiener, der früher Bankier gewesen war. Das war furchtbar, was ich da erlebt habe. Es war ja noch in den Kriegsjahren. Die Sekretärin, mit der ich mich angefreundet habe, Felicita, hat mich immer korrigiert, wenn ich Spanisch gesprochen habe.

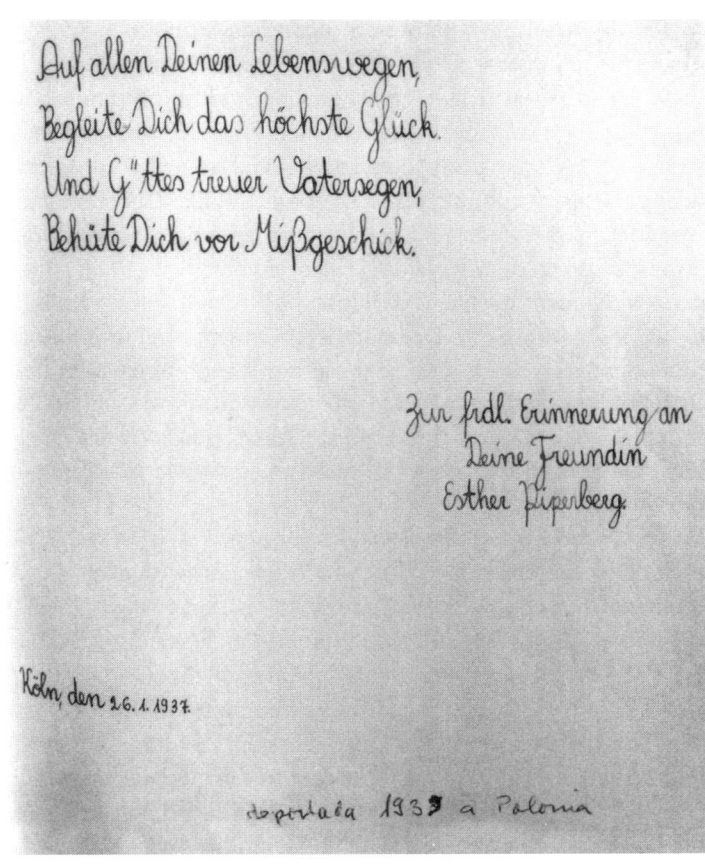

Auf allen Deinen Lebenswegen,
Begleite Dich das höchste Glück.
Und G"ttes treuer Vatersegen,
Behüte Dich vor Mißgeschick.

Zur frdl. Erinnerung an
Deine Freundin
Esther Piperberg.

Köln, den 26. 1. 1937.

deportada 1939 a Polonia

Eine Schulfreundin wurde nach Polen deportiert

*Sie haben vorhin erwähnt, dass in den Synagogen die
Rabbis Deutsch gesprochen haben. War Ihre Familie religiös,
oder hat sich da etwas verändert durch die Flucht?*
Jein, sagen wir mal. Solange mein Vater lebte, haben wir
uns noch ein bisschen daran gehalten. Meine Mutter stammte
aus einem ganz frommen Haus. Sie hatte aber auch schon
vieles abgelegt. Die Feiertage haben wir eingehalten, ja. Aber
koscher essen, das ließ nach. Das war zu viel Arbeit und wir
hätten extra Geschirr haben müssen, was wir nicht hatten.
Man hat ja Fleisch und Milch separiert, das ging nicht. Da
gibt es so viele Sachen, die man sich vorher nicht überlegt.

Ihr Name Liesel ist ja nicht sehr lateinamerikanisch.
Nein. Als ich ins Land kam und wir unsere Dokumente bekommen haben, wurde ich gefragt, ob ich Elisa, Elisabeth oder Alicia heißen wolle. Seitdem heiße ich Alicia. Komischerweise sagen jetzt wieder ganz viele Leute Liesel zu mir. Allerdings spanisch gesprochen und geschrieben: LISSEL. Nachdem eine Freundin mich immer mit Liesel angeredet hat, sagt jetzt der ganze Chor, in dem ich singe, Lissel zu mir.
Haben Sie sich mit Alicia wohlgefühlt?
Ja, ja. Ich hatte in den Dokumenten natürlich auch noch Sara drinnen stehen, auch jetzt noch. In den neuen deutschen Dokumenten steht Sara leider nicht mehr drin, aber in meinen argentinischen Dokumenten bin ich Alicia Sara Mayer. Das fällt hier aber niemandem auf, weil es sehr viele Leute gibt, die Sara heißen.
Haben Sie die doppelte Staatsbürgerschaft?
Nein. Das ist sehr kompliziert. Als Argentinien im letzten Moment Deutschland den Krieg erklärt hat, waren wir plötzlich feindliche Ausländer. Aber dann hat einer der Juden, die hier ein Wort mitsprechen konnten – ich weiß nicht mehr, wer das war – gesagt: Das geht nicht! Die deutschen Juden sind keine feindlichen Ausländer. Gut, dann müsst Ihr aber ein Dokument haben, das bestätigt, dass Ihr Juden seid. Und da haben wir unsere Pässe abgeben müssen und waren plötzlich staatenlos. Als der Krieg zu Ende war, wurden wir wiedereingebürgert, ich habe eine Einbürgerungsurkunde.
Eine argentinische Wiedereinbürgerung?
Nein! Eine deutsche Wiedereinbürgerung. Da wurden Sara und Israel nicht mehr draufgeschrieben. Meinen ursprünglichen Pass, den Pass mit dem schönen »J« habe ich leider nicht mehr. Ich weiß nicht, was mit ihm geschehen ist. Eine Dame, die ein Buch über die Juden in Mönchengladbach geschrieben hat und die irgendwie an mich gekommen ist, konnte es gar nicht fassen, als ich ihr das geschrieben habe mit der Wiedereinbürgerung. Wieso staatenlos! Wieso wiedereingebürgert werden! Ihr seid doch in Deutschland geboren und seit Jahrhunderten Deutsche gewesen.

Aber ihr habt dann immerhin auch in Argentinien gelebt.
Ja. Mein Mann ist Argentinier geworden. Später wäre das nicht mehr gegangen. Dann hätte man, wenn man Deutscher geworden wäre, die argentinische Staatsbürgerschaft verloren. Es gab ein bestimmtes Datum … Wie nennt man das, ich komme nicht auf das Wort: Sagen wir mal, wer bis zum 15. März, ich weiß nicht mehr 46 oder 47, noch nicht Argentinier geworden ist, der kann sich als Argentinier einbürgern. Oder er kann seine deutsche Staatsangehörigkeit beantragen. Wer aber später Argentinier wurde … Na, wie war denn das! Mein Bruder hat es nicht mehr gemacht. Mein Bruder ist Argentinier geworden und wenn er wieder Deutscher geworden wäre, hätte er seine argentinische Staatsbürgerschaft verloren. Das wollte er nicht. Mein Mann hatte die doppelte Staatsbürgerschaft. Heutzutage haben unzählige Italiener die doppelte Staatsangehörigkeit.
Aber Sie haben auch heute noch die deutsche Staatsbürgerschaft?
Natürlich, ich habe einen deutschen Pass, ich bin keine Argentinierin.
Haben Sie in der Zwischenzeit mal wieder in Deutschland gelebt?
Nein.
Fühlen Sie sich als Deutsche oder als Argentinierin?
Ich würde sagen, weder noch. Man ist da zu Hause, wo man sich wohlfühlt. Das ist eine schwierige Frage. Darunter leiden noch manche Leute aus der Generation nach mir. Meine beiden Söhne sprechen perfekt Deutsch. Meine Enkel verstehen Deutsch, sind aber natürlich Argentinier. Aber mit diesem Hintergrund, dem deutsch-jüdischen Hintergrund.
Es war Ihnen nie ein Bedürfnis, eine argentinische Bürgerin zu werden?
Vielleicht hätte ich mich einbürgern lassen, aber dann kam doch die Sache mit Perón. Da kam eine scheußliche Zeit, die Diktatur. Da haben wir gedacht, es ist vielleicht besser, wenn einer in der Familie Ausländer bleibt. Danach konnte ich mich nicht mehr einbürgern lassen. So bin ich Ausländerin geblieben.

Nach dem Krieg sind reichlich Nazis hierhergekommen.
Was ging da in Ihnen und Ihren Eltern vor?
Das haben wir nicht mitbekommen. Ich weiß nur, als das ans
Tageslicht kam, haben wir gesagt: Ein Glück, dass Deutschland
nicht den Krieg gewonnen hat. Dann wären wir hier sehr
schlimm dran gewesen.
   Wie gesagt, das Einzige, was wir gemerkt haben, mit
der Auswanderung, war diese Sache, dass mein Vater einen
Beruf angeben musste, weil wir sonst nicht reingelassen worden wären, obwohl das hier ja ein Einwanderungsland war.
Es gab – das war auch das Gute für uns – es gab Arbeit,
die Lebensmittel waren billig, es gab diese große Hilfe untereinander. Außerdem waren die Argentinier sehr liebenswürdige,
hilfsbereite Leute. Das sind sie immer noch.
Und dass plötzlich hier in Buenos Aires, nicht nur Eichmann,
sondern eine ganze Menge von Nazis, Gauleitern usw. ...
Wir hatten keinen Kontakt mit den Deutschen. Nur einmal,
das war aber sehr viel später, da habe ich in einem Chor
gesungen, in dem sehr viele Deutsche waren – wo war denn
das noch – genau, im Goethe-Institut. Da war plötzlich ein
deutscher Jude in leitender Stellung. Und da hörte ich eine
Bemerkung von jemandem: Völlig verjudet, das Goethe-Institut.
Das war aber 1975/76. Mein jüngerer Sohn hat so etwas
später auch noch mitbekommen. Er war zwanzig Jahre Biblio-
thekar an der deutschen Schule, an der auch Herr Priebke
war. Und in Bariloche gibt es immer noch genügend Nazis.
Aber ich habe heute gelesen, dass in Dresden oder Leipzig
eine Gruppe verboten worden ist, die sich Nationale Sozialisten nennen. Nicht Nationalsozialisten, sondern Nationale
Sozialisten. Es gab Hausdurchsuchungen, sie wurden verboten.
Das steht heute im *Argentinischen Tageblatt.* *
Was geht in Ihnen vor, wenn Sie von Nationalen Sozialisten
oder anderen Rechtsradikalen erfahren und von antisemitischen
Angriffen und Übergriffen mitbekommen?
Angst. Aber hier, in den Kreisen, die ich kenne, kommt
so etwas nicht vor. Von den Argentiniern habe ich all die Zeit
über nicht eine einzige antisemitische Bemerkung gehört.
Auch meine Söhne nicht.

Ich nehme an, normalerweise sprechen Sie Spanisch hier?
Wir untereinander, in meiner Familie, wir sprechen Deutsch.
Und deswegen können meine Enkel Deutsch. Dem Enkel, der
Bergführer in den Anden ist, kommt es für die Touristen sehr
zugute, dass er Deutsch und Englisch kann. Jetzt frischt er
sein Deutsch noch einmal auf. Er spricht natürlich mit Akzent
und er schreibt, wie er spricht. Das ist zu komisch. Er hat
keine Orthografie, keine Grammatik, aber man weiß, was er
sagen will. »Weißt du« würde er schreiben WAIS DU. Das ist
falsch, aber man weiß, was er meint.
*Das heißt, ein so langes Gespräch auf Deutsch ist für Sie
nichts Außergewöhnliches?*
Nein, nein. Es kommen bei mir natürlich spanische Worte,
die ich hier gelernt habe und nur auf Spanisch kann, wie
eben mit dem Kolonialwarengeschäft – almacen.
Was bedeutet heute Deutschland für Sie?
Ich würde sagen die Landschaft. Auch mein Vater hat immer
wieder gesagt:»Die Landschaft.« Und wenn ich Fotos aus
Köln sehe. Mein Bruder, er war bei der Emigration erst neun
Jahre alt, standen die Tränen in den Augen, als er den Kölner
Dom wiedersah. Wir waren damals sehr häufig in Köln, weil
meine Großmutter dort lebte. Das letzte Jahr haben wir auch
in Köln gewohnt. Mein Bruder war ständig auf der Straße,
als kleiner Junge und als Jude. Es ist nie etwas passiert. Ja.
   Aber ich weiß nicht, ob ich jetzt in Deutschland wohnen
könnte, weil sich ja auch dort alles geändert hat. Die Jugend
ist anders, die Gebräuche sind anders. Ich nehme an, sogar
das Essen ist anders, als wir es gewohnt waren. Hier essen wir
so, wie wir vor siebzig Jahren in Deutschland gegessen haben.
Sie haben also keine argentinischen Essgewohnheiten.
Doch auch. Ich esse um halb eins/eins ein warmes Mittagessen
und Abendbrot gibt es um halb acht/acht. Butterbrot mit
Aufschnitt oder Käse oder so. Die Argentinier essen sehr viel
später zu Mittag und das Essen am Abend ist meistens warm
und sehr üppig. Die Essgewohnheiten bleiben.
Ihr Mann war Musiker? Ich frage wegen der Notentafel hier.
Nein. Mein Mann (Günther Bein, 23.8.1916–25.10.2001)
hat vorwiegend als Handelsreisender für Haushaltsartikel

gearbeitet. Leider starb er schon vor langer Zeit an Leukämie. Meine Enkelin und ich haben Flötenunterricht gegeben. Das kam aber viel später durch einen großen Zufall.

Als ich zehn Jahre alt war und auf die höhere Schule gehen sollte, nahm man in den höheren Schulen keine Juden mehr auf. Auf eine Nonnenschule, die mich angenommen hätte, wollten meine Eltern mich nicht gehen lassen. Da kam ich auf die höhere jüdische Schule in Köln und wohnte bei meiner Großmutter. Meine Tante und meine Cousine waren auch dort. Da lernte ich Blockflöte, so rudimentär, wie man das in einem Jahr lernen kann. Hier habe ich meinen Söhnen Flöte spielen beigebracht. Das wusste die Violinlehrerin meiner Söhne, die das Collegium Musicum leitete. Frau Weil, die hier als eine sehr gute Musikerin bekannt geworden ist, fragte mich eines Tages: Die Lehrerin für unsere Stunde Blockflötenunterricht ist krank geworden. Könntest Du das nicht übernehmen? Ich glaube schon, sagte ich. Was können die Kinder? Das und das. Also habe ich da in den letzten vier Monaten des Jahres Blockflötenunterricht gegeben. Ich habe mir dann gedacht, was ich für das Collegium Musicum kann, das kann ich auch für mich selber machen. Dann habe ich jahrelang Blockflötenunterricht gegeben. In schweren Jahren habe ich mit diesem Blockflötenunterricht hier im Haus manchmal mehr verdient als mein Mann. Dazu war die Tafel. Es halten mich noch heute Leute auf der Straße an und begrüßen mich. No se acuerda? Sie haben mir Blockflötenunterricht gegeben. Ich kann die Leute natürlich nicht erkennen. Sie waren damals zehn Jahre alt, heute sind es erwachsene Frauen mit Kindern.

Wo haben Sie denn Ihren Mann kennengelernt?
In der Jüdischen Kultur-Gemeinschaft. Die hatten einen Platz hier in der Nähe und später in einem Vorort. Da war ein Schwimmbassin, man konnte verschiedene Sportarten treiben. Da sind wir jeden Sonntag hingepilgert. So hat man sich kennengelernt.

Die schönen Holzfiguren stammen von ihm?
Ja, er hat mit den Spielsachen für unsere Kinder angefangen. Dann haben sich meine Schüler gefreut, dass sie damit spielen konnten. Daran erinnern sie sich jetzt noch.

Sie haben neulich am Telefon gesagt, dass sich die Freunde Ihrer Enkel mehr für Ihre Emigrantengeschichte interessieren als Ihre Enkel selber.
Nicht, dass sie sich mehr interessieren. Die Enkel hören ja im Laufe der Gespräche vieles und wissen somit vieles. Dann denken sie vielleicht: immer wieder dieselben Geschichten. Die Freunde dagegen, die wissen davon gar nichts.
Ist das eine alte Geschichte oder ist die Geschichte noch gegenwärtig?
Wenn ich sie diesen Kindern erzähle, ist sie eine gegenwärtige Geschichte, weil manches so unglaubhaft klingt. Zum Beispiel bekam mein Vater noch im Jahr 1936 das Eiserne Kreuz zweiter Klasse überreicht. Weil er eine spezielle Erlaubnis hatte, giftige Farben zu verkaufen. Ich glaube, das war eine Farbe mit Blei. Damit man niemanden vergiftet, brauchte man für den Verkauf diese Erlaubnis. 36 bekam er dafür das Eiserne Kreuz. Von den Nazis!
Was geht in Ihnen vor, wenn Sie jetzt Diskussionen über Einwanderungen anderer Emigranten hören. In Europa zum Beispiel?
Helfen. Natürlich helfen. Selbstverständlich. Ich weiß, wie das ist, wenn man in ein fremdes Land kommt und die Gebräuche nicht kennt. Hierher kommen jetzt hauptsächlich Bolivianer, Paraguayer, Chilenen, Kolumbianer. Ich weiß nicht, wie rasch sie sich einleben. Sie können die Sprache und haben etliche ähnliche Gewohnheiten. Aber in Europa, könnte ich mir vorstellen, muss das sehr schwer sein. Vor allem, wenn man eine andere Hautfarbe hat.

Ich bekomme das ja alles nur durch argentinische Zeitungen und das argentinische Television mit. Das ist nicht allzu viel. Ich glaube, man muss vor Ort sein, um das mitzubekommen. Aber wenn wir lesen, dass Schiffe in Südspanien und Süditalien nicht ankommen dürfen und die Leute sterben – furchtbar! Da müsste etwas geschaffen werden, dass die Leute – ich weiß nicht, ob sie wegen politischer Verfolgung oder aus ökonomischen Gründen nicht zurückkönnen – da müssten erst einmal in den Ländern Bedingungen geschaffen werden, dass sie zurückkönnen. Ich weiß nicht, ob das eine rassistische Verfolgung ist, wie das bei uns war, oder eine Religionsverfolgung.

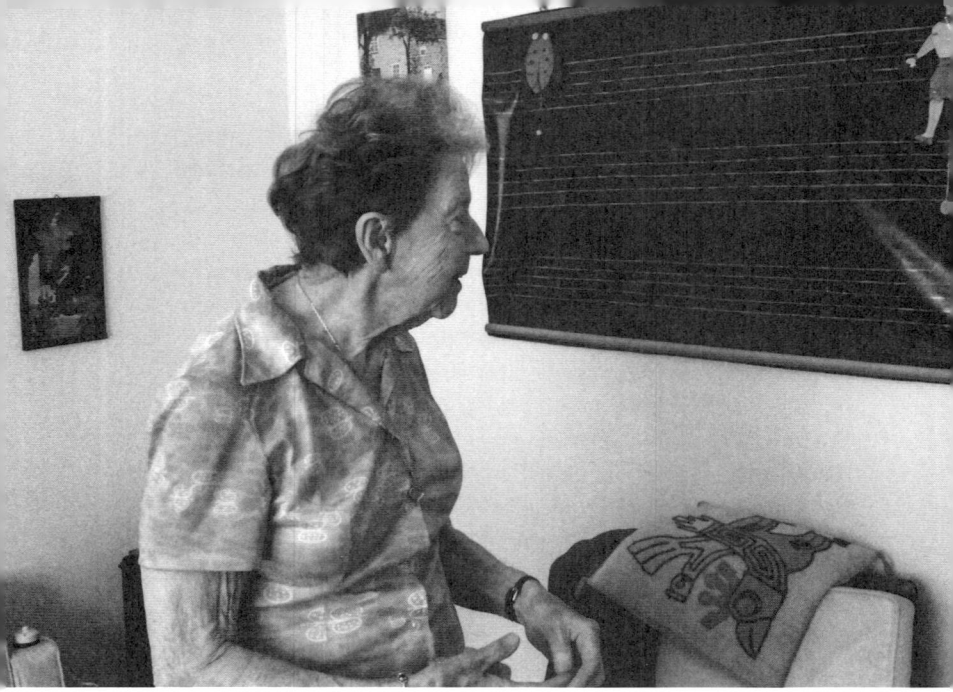

Liesel und die Notentafel

Die Gründe scheinen mir in vielen Ländern so durchmischt zu sein, dass man kaum noch benennen kann, ob es politische, religiöse, rassistische, ökonomische, kriegsgebundene oder sonstige Fluchtwellen sind.
Bei uns kommt eventuell auch noch ein schlechtes Gewissen hinzu. Man sagte mir, dass man in Israel leben muss, um zu verstehen, was da vor sich geht. Das ist sehr schwierig von beiden Seiten aus, denn sie können ja miteinander leben, wenn sie wollen. Daniel Barenboim kommt jetzt wieder mit seinem Orchester, dem West-Östlichen Divan. Ganz großartig, was er macht. Auch nach dem Tod von Edward Said, dem Palästinenser, mit dem er das Orchester gegründet hat.
Allerdings. Zum Abschluss: Ich habe ja den Eindruck, dass Sie ein glückliches Leben hatten. Aber haben Sie manchmal vielleicht doch das Gefühl, dass Sie ein sehr anderes Leben hatten, als eigentlich in Deutschland geboren angelegt war?
Ja. Ich nehme an, dass ich studiert hätte. Ich wollte gerne Kinderärztin werden. Auch noch, als ich hierherkam, dachte ich, ich möchte gerne Kinderärztin werden. Ich weiß noch,

28

wie mir in der Untergrundbahn ein Mädchen auffiel, das Söckchen anhatte. Ich habe schon Strümpfe getragen. Da dachte ich, die geht jetzt in die Schule. Ich würde auch so gerne in die Schule gehen. Später habe ich sie kennengelernt, sie wurde meine beste Freundin. Sie fuhr auch ins Büro und nicht in die Schule. Ja, ich hatte einen Beruf, aber ich wollte gerne zur Schule gehen. Das mit dem Flötenunterricht war ja sehr autodidaktisch und auch praktisch. Dadurch, dass ich mit den Kindern spielen musste, habe ich mir selber neue Sachen beigebracht. Anscheinend hatte ich irgendein Talent mit Kindern. Jedenfalls sind sie alle sehr gerne gekommen.

Das glaube ich Ihnen sofort!

Zu meinem großen Bedauern kann ich Liesel Bein bei meinem Aufenthalt Anfang 2020 nicht mehr treffen. Sie ist am 7. November 2019 gestorben.

* Das *Argentinische Tageblatt* ist eine deutschsprachige Zeitung.

DASEIN

Touristische Shows, bei denen Tango als Akrobatiknummer vorgeführt wird, meide ich. Ich bevorzuge Milongas, auf denen die *porteños* – Bewohner von Buenos Aires – tanzen. Die Stimmung in den kleinen Clubs, großen Sälen, alten Fabrikhallen, heruntergekommenen Sporthallen oder in den Parks unter riesigen Bäumen begeistert mich immer wieder aufs Neue. Mich fasziniert die Vermischung aller Altersstufen und Gesellschaftsschichten. Ein Panoptikum wie in einem Fellini-Film. Die alten Herren tragen frisch gestärkte weiße Hemden, die Arbeiter stecken in zu großen Anzügen und haben viel Pomade im pechschwarzen Haar, die älteren Damen verstecken ihre Falten an Hals und Armen nicht, sondern schweben in Trägerkleidern als anmutige Königinnen der Nacht über das Parkett. Kleine tanzen mit Großen, an dickbäuchigen Argentiniern schmiegen gertenschlanke Asiatinnen in einem Hauch aus Satin. Junge Männer in Jeans und mit zerzausten Haaren fordern dreißig Jahre ältere Damen auf. Jeder hält sich an geheimnisvolle Rituale, um auf keinen Fall einem falschen Partner Hoffnungen zu machen, oder von der erwählten Partnerin eine demütigende Absage zu erhalten. Alles ist seit über einhundert Jahren eingespielt und wird stets nach drei Tänzen neu durchgewürfelt. Dann, wenn Discomusik das Set der Tangoklassiker durchbricht und die Tanzpartner zu ihren Tischchen streben, an denen sie einen Schluck *gaseosa* – Limonade – trinken. Nur sehr wenig Alkohol wird getrunken. Er ist zu teuer, außerdem will niemand auf der Tanzfläche herumtorkeln.

   Der Höhepunkt der Milongas sind die Soloauftritte einzelner Paare gegen ein Uhr nachts. Das Publikum, bestehend aus lauter Experten, beäugt neugierig, was die Solisten bieten. Meist frenetischer Jubel. Die *porteños* lieben es, wenn jemand ihren verehrten Tanz beherrscht, da gibt es keinen Neid.

Einmal erlebe ich ein Solopaar, beide sicher über achtzig, das nach meinem Laienverständnis nicht tanzt, sondern ruhig steht, oder sehr langsam ein paar Schritte schreitet. Dann aber tobt der ganze Saal vor Begeisterung. Der Mann oder die Frau oder beide müssen in ihrer Ruheposition etwas gemacht haben, was Euphorie auslöst. Ich fotografiere und fotografiere.

Plötzlich entdecke ich ein Schild mit dem Namen des Clubs: »Casa dasein«.

Dasein. Wie kommt es, dass mitten in Buenos Aires ein kleiner Tangoclub Dasein heißt? Ich suche den Chef und frage ihn, ob er weiß, dass Dasein ein deutsches Wort ist. »No.« Etwas bange fragt er nach der Bedeutung. Ich erkläre es mit »la existencia, la vida, el ser« – die Existenz, das Leben, das Sein. Er atmet erleichtert auf, damit könne er leben.

Eine eindeutige Übersetzung des Wortes gibt es nicht. Es ist diese philosophische Dimension, die in diesem Wort mitschwingt. Diese Bedeutung, um die es in einem Leben geht. Um das eigene kleine Dasein in diesem großen Dasein. Da sein.

In einem »normalen« Dasein, mit einer Bleibe, einem Beruf, regelmäßigem Essen, umgeben von Menschen, mit denen man sich verständigen kann, spielt diese essenzielle Bedeutung des Wortes kaum eine Rolle. Freilich ist aber nur dieser

»Normalzustand« auch die Zeit, in der man sich bemühen kann, die Bedeutung zu erfassen. Wenn man um sein Dasein kämpfen muss, hat man keine Muße für philosophische Spekulationen. Dann ist man damit beschäftigt zu überleben, weiterzuleben.

Das betrifft auch Menschen, die gezwungen werden, ihre Normalität aufzugeben und in eine unbekannte Fremde loszuziehen. Menschen, die gehen müssen, weil sie keine andere Möglichkeit sehen, zum Beispiel wegen einer klimatischen oder wirtschaftlichen Katastrophe. Oder weil sie aus religiösen, politischen oder sonstigen Gründen verfolgt werden.

Es gibt niemanden in Buenos Aires, der nicht selber von seiner Heimat aus aufgebrochen ist, um hier in der Fremde sein Glück zu versuchen, oder dessen Ahnen sich auf den langen Weg gemacht hatten.

Nachdem die europäischen Entdecker Südamerikas jahrhundertelang versuchten, die indigene Bevölkerung auszurotten oder zu missionieren, und dabei auch untereinander in unzähligen Kämpfen die an Erdschätzen reichen Gebiete Argentiniens verteidigten, gelang es im frühen 19. Jahrhundert, das riesige Land zu bündeln. Im Mai 1853 wurde nach einigen früheren Vorverfassungen eine erste hieb- und stichfeste Verfassung niedergeschrieben. In dieser Verfassung wurde nicht nur die Sklaverei abgeschafft, es wurden auch entscheidende Präambeln für die Einwanderung verankert.

So sollte jeder Mensch aus jeder Nation in Argentinien bleiben dürfen. Und zwar unter Ausübung jeder Religion, unter Verwendung jeder Sprache, in der auch gelehrt werden dürfe: »... ihr Glaubensbekenntnis frei auszuüben, zu lehren und zu lernen« (aus der Verfassung von 1853).

Diese Weltoffenheit, die bevorzugt Europäer anlocken sollte, ermöglichte auch vielen lateinamerikanischen Nationen eine Einwanderung. In mehreren großen Wellen strömten die Menschen ins Land. Bis heute.

Um 1900 herum galt Buenos Aires bis in die 1930er-Jahre hinein als eine der blühendsten Städte weltweit. In dem Meltingpot mit heute über 14 Millionen Bewohnern leben auch

Das erste Hotel de Inmigrantes in Buenos Aires.
Ab 1911 gab es weitere Zentren für Einwanderer.

zahlreiche Asiaten, Kanadier, Australier und viele Muslime,
die die größten Moscheen des ganzen Kontinents erbauten.
Die jüdische Gemeinschaft gilt mit der von New York als die
größte außerhalb Israels.

Alle Nationalitäten und Religionen leben weitgehend
friedlich miteinander und versuchen gemeinsam die enormen
wirtschaftlichen und korruptionsbedingten Probleme durch
die Politiker und die Lobbyisten zu stemmen. Es wimmelt von
Problemen in Argentinien, die alle Bürger betreffen.

Nichtsdestotrotz kann man auf Schritt und Tritt in der
Megametropole Buenos Aires die Kraft verspüren, die sich
im Miteinander der unterschiedlichen Kulturen entwickelt
hat. Im flirrenden Licht der lateinamerikanischen Sonne, in-
mitten der subtropischen Pflanzenwelt blitzt an jeder Ecke
der Stadt ein Bauwerk, ein Ritual aus der Vergangenheit einer
Kultur auf. Überall auch die Zeichen, daraus ein gemeinsames
Dasein für das Jetzt und die Zukunft zu gestalten.

Weniger pathetisch bringt es der große Dirigent und Pianist Daniel Barenboim auf den Punkt. 1942 in Buenos Aires geboren, zog er als Wunderkind mit seinen russisch-jüdischen Eltern bereits als Zehnjähriger nach Tel Aviv, um von dort die Welt zu erobern. Ein Weltenbürger mit vier Staatsbürgerschaften: die argentinische, die spanische, die israelische und die palästinensische. Ich frage ihn, ob er sich überhaupt noch als Argentinier fühle. »Erst im Alter habe ich begriffen, wie sehr mich Buenos Aires geprägt hat. Ohne diese Erfahrung hätte ich wahrscheinlich auch nicht das West-Eastern Divan Orchestra gründen können, in dem jüdische, palästinensische und muslimische Musiker zusammen musizieren. Es ist dieses Miteinander von verschiedenen Kulturen in Buenos Aires, die Selbstverständlichkeit, dass man mehrere Identitäten haben darf.«

Überflüssig zu fragen, ob er Tango tanzen könne. Natürlich, grinst er verführerisch.

Im Tango verschmelzen die verschiedenen kulturellen Wurzeln aus den unterschiedlichen Epochen der Einwanderung zu jener vielschichtigen Musik, die jede Generation unter Respekt für die alten Meister für sich neu entdecken und erweitern kann. Vermutlich macht genau diese sinnliche Vermischung der Welt die Faszination auf so viele Menschen aus.

GISELA BRUNNEHILD – die Pionierin

20. April 2014. Ostersonntag. Der Portier kontrolliert über die Fernsprechanlage, ob ich erwartet werde. Er erhält die Bestätigung, ich darf eintreten. Er führt mich zum Lift und drückt auf den Schalter für den 15. Stock. Der Lift rattert mit mir hoch zu Gisela Brunnehild. Freundlich lachend empfängt sie mich an ihrer Wohnungstür. Nicht zu glauben, dass diese energische Dame mit der üppigen Lockenmähne 89 Jahre alt sein soll.
Ihre erste Frage an mich: Sind Sie Deutsche?
Ja.
Jüdin?
Etwas vorsichtig antworte ich: Nein.
Sind Sie also eine Christin, eine normale Christin?
Ähm – also Ex-Christin, Ex-Protestantin, aber, ja … Christin.
Sie reißt die Arme hoch: Zum Glück sind Sie keine Jüdin! Es ist doch Pessachwoche und ich habe kein Mazze im Haus. Ich habe mir den ganzen Tag solche Sorgen gemacht, was Sie von mir halten werden, dass ich Ihnen kein Mazze anbieten kann.

Ich beruhige sie, dass ich weder Mazze noch etwas anderes brauche, sondern im Gegenteil selber Kekse und eine Flasche Wasser mitgebracht hätte.
Was? Sie bringen Wasser mit? Stecken Sie die Flasche sofort wieder ein. Ich habe Wasser, Saft, Mate, Tee, selbst gebackene Kekse, heißen Kaffee und kalten Kaffee mit Vanilleeis. Was wollen Sie?

Es klingelt, das Filmteam kommt. Wir dürfen in der kleinen Küche Gisela Brunnehild nicht helfen, den Eiskaffee zuzubereiten, also genießen wir die eindrucksvolle Aussicht, die man von hier oben über das Meer von Wolkenkratzern hat.

Der Eiskaffee ist ausgetrunken, der Kameramann und ich
haben die beste Perspektive für das Gespräch ausgesucht.
Das ist nicht ganz einfach, weil in Argentinien die Stühle und
Sessel sehr niedrig sind und die Menschen hinter den Tischen
verschwinden oder in den weichen Polstern der Sofas ver-
sinken. Außerdem verfügen die meisten Wohnungen nur über
sehr wenige Lampen, die man als Lichtunterstützung verwenden
könnte, und die vorhandenen besitzen kaum Leuchtkraft.
Aber wir haben ein paar zusätzliche Lampen dabei und mit
ein wenig Glück halten die Sicherungen die Zeit für das
Gespräch durch.

Ich nehme schräg gegenüber von Frau Brunnehild Platz.
Der Nachname erinnert mich an Brünnhilde, die stolze
Walküre aus dem *Ring des Nibelungen* von Richard Wagner.

Lieben Sie die Musik von Richard Wagner?
Schätzchen, nicht nur, dass ich Wagner liebe, ich gehe zu
allen Konzerten und Kongressen. Jedes Jahr im Juni ist ein
internationales Treffen von allen Wagner-Gesellschaften. Da
bin ich die einzige Jüdin, zumindest in der Genfer Wagner-
Gesellschaft. Dieses Jahr findet das Treffen in Graz statt.

*Aber wie fühlt man sich, wenn man als Jüdin
»Brunnehild« heißt?*
Ich bin sehr stolz auf den Namen und wollte ihn nie verlieren. Deshalb habe ich auch nicht geheiratet. (Sie lacht laut.) Auch Gisela ist ein sehr deutscher Name. Meine Mutter hat ihn in einem Kalender gefunden. Gisela ist eine katholische Heilige.

Mein Vater und mein Großvater waren das, was man Getreidejuden nannte. Im Süden Deutschlands waren sehr viele Juden im Getreidegeschäft tätig. Mein Großvater hatte Silos und mein Vater handelte mit Getreide. Ich bin in Mannheim geboren, 1924, am 14. Mai.
Dann haben Sie ja bald Ihren 90. Geburtstag!
Ja, der wird groß gefeiert. Deshalb bleibe ich auch so lange hier, weil ich hier meine meisten Freunde habe. Aber dann fliege ich sofort nach Genf.

Wie sind Sie nach Buenos Aires gekommen?
Ich bin nicht »gekommen«, sondern mit meiner Mutter gezwungen worden. Meine Mutter war damals schon von meinem Vater getrennt. Gott sei Dank. Sonst wäre sie wahrscheinlich mit ihm umgekommen. Mein Vater wollte nicht weg aus Deutschland: »Ich habe den Krieg von 1914 bis 18 mitgemacht, Hitler ist ein Ausländer, mir passiert nichts.« Er ist geblieben und wurde nach Gürs deportiert. Meine Mutter hat von Argentinien aus alles getan, damit mein Vater von Gürs aus nach Amerika emigrieren konnte. Die, die keine Möglichkeit hatten, zu flüchten, kamen alle nach Auschwitz. So konnte meine Mutter, indem sie von ihm geschieden war und in Argentinien lebte, meinen Vater retten.
*Und wann sind Sie mit Ihrer Mutter nach Argentinien
gefahren?*
1936. Aber das hat eine weitläufige Vorgeschichte. 1933 hat meine Mutter eine Freundin zu einer Wahrsagerin begleitet. Sie selber glaubte nicht an so etwas, aber diese Freundin hatte einen Brillantring verloren und wollte ihr Schicksal kennen. Als sie gehen wollten, fragte die Dame, die übrigens auch die Wahrsagerin von Hitler war: »Und Sie wollen nichts wissen,

Frau Brunnehild?«»Nein, ich glaube nicht.«»Wollen Sie nichts über Ihren Sohn wissen? Ich sehe Ihren Sohn über das große Wasser fahren, in ein fremdes Land. Aber haben Sie keine Angst, er wird nicht alleine sein und er wird sehr schnell Arbeit finden.« Dann hat meine Mutter auch nach mir gefragt. »Ach, die ist noch zu klein. Aber sie wird ihr Leben machen.«

Meine Mutter hat in keiner Weise an diese Prophezeiung geglaubt. Mein Bruder arbeitete in einer Bank in Berlin. 1934 wurde er als Jude aus der Bank geworfen und kam zu uns nach Frankfurt, wo wir inzwischen lebten. Dort traf er einen Freund auf der Straße und fragte ihn, wohin er ginge: ins argentinische Konsulat. »Ach, da gehe ich mit.« Er kam nach Hause und sagte: »Ich wandere nach Argentinien aus.«

»Um Gottes willen! Die Affen auf den Bäumen, die Löwen hinter den Palmen!« 1934 war Argentinien das Ende der Welt, und meine Mutter sorgte sich ungemein. Aber mein Bruder wanderte aus und am zweiten Tag nach seiner Ankunft hatte er eine Stellung in einer holländischen Bank gefunden. Er war damals 21 Jahre alt. Er bekam eine Liste mit Pensionen, ging in die erste und sagte: »Nein, das ist mir zu teuer.« Er ist ja mit nur zehn Mark nach Argentinien gekommen, wie alle, die geflohen sind. Die Pensionsleiterin bat ihn trotzdem herein und fragte ihn nach seinem Namen. Er hatte den Namen des ersten Mannes meiner Mutter, also Rapp. Die Dame fragte ihn: »Kennen Sie vielleicht eine Claire Rapp?« »Ja, das ist meine Mutter.« »Sie gehen nicht mehr weg von hier.« Ist das nicht ein Zufall? Er traf in Argentinien eine Frau, die sich meiner Mutter verpflichtet fühlte, und bekam so ein Zimmer in dieser herrlichen Pension, in der wir dann ebenfalls wohnten, bis wir eine eigene Wohnung fanden.

Auch wir durften nur zehn Mark mitnehmen, aber meine Mutter konnte den Schmuck trotz Leibesvisitation über die Grenze bringen. Das hat uns am Anfang enorm geholfen.

Meine Mutter ist über Basel nach Amsterdam gegangen, und unser Dienstmädchen hat mich später nachgeschickt. In Rotterdam haben wir das Schiff genommen, ein Frachtschiff.

Damals konnte man nur mit erster Klasse hierherkommen und die holländischen Schiffe haben sich als erste Klasse aus- gegeben, auch wenn es Frachter waren. Wir waren ungefähr achtzehn bis zwanzig Personen. Interessant ist, dass wir 1936 als Juden ohne Schwierigkeiten einwandern konnten, da der damalige Präsident Augustín Pedro Justo eine jüdische Geliebte hatte. 1938 folgte Präsident Ortíz, der das nicht mehr erlaubte. Die Juden mussten sich taufen lassen oder kamen über die grüne Grenze, über Bolivien, Uruguay, Paraguay. *Wie war es, hier anzukommen?*

Das will ich Ihnen sagen. Wir kamen um 12 Uhr mittags im Dezember an. Es herrschte eine große Hitze. Mein Bruder hatte gesagt, Mutti, bring keine Haushaltsgegenstände mit, ich kann den Zoll nicht bezahlen. Meine Mutter dachte sich aber, verloren ist verloren. Sie nahm eine ganze Ecke im Speisezimmer, das Silber, die Löffelchen, die kleinen Perser- teppiche, alles, was in so eine Ecke passte, trotzdem mit. Als wir um 12 Uhr ankamen, mitten in dieser Hitze, standen da die Kisten im Zoll, und mein Bruder sagte: »Um Gottes willen, Mutter, was hast Du gemacht, das kann ich nicht bezahlen.« Egal, verloren für verloren. Die Arbeiter machten die erste Kiste auf und holten einen uralten Wassertopf heraus, den meine Mutter nicht als ihren erkannte.

Irgendjemand hatte den da wohl noch zuletzt hineingetan. Die Arbeiter, bei dieser Hitze, mittags, wo sie einfach nur Mittagessen wollten, haben sich gedacht, was ist das alles für ein Dreck, und sagten: »Nehmt es mit. Nur weg damit.« So konnte meine Mutter die Wohnung sehr schön einrichten, die wir dank eines Teils des Schmucks mieten konnten. Eine Wohnung mit zwei Schlafzimmern, die meine Mutter dann vermietet hat. Sie hat ja nie gearbeitet.

Meine Mutter ist 1889 geboren. Damals hatte man keinen Beruf, da war man ein Mädchen – wie nennt man das – aus gutem Hause, das heiratet. Sie hat auch hier nie gearbeitet. Erst hat sie die Zimmer vermietet und ihre Mieter wahnsinnig verwöhnt, mit selbst gebackenem Kuchen und so. Da haben die Mieter gesagt, Frau Brunnehild, hier nebenan ist der Konzern *Bunge & Born*, wir bringen Ihnen Mittagsgäste.

Daraufhin hat meine Mutter einige Bridgetische gekauft, hat ihr Silber und ihr Porzellan hingestellt und hat herrlich gekocht. Sie hatte in Mannheim bei dem pensionierten Koch des Großherzogs von Baden kochen gelernt. So hat sie dann hier gekocht, mit Butter, Crème und allen möglichen Köstlichkeiten. Nach einem Monat sagte mein Bruder, Mama, bitte hör auf mit dem Mittagstisch. Ich kann ihn mir nicht leisten. Mein Bruder musste zuzahlen, dass meine Mutter so gut kochen konnte. Also, damit hat meine Mutter nichts verdient. Dann hat sie versucht, Handschuhe zu nähen. Das hat aber auch nicht funktioniert.

Und dann, 1940, als die Deutschen Holland besetzten, wurden alle Deutschen aus der holländischen Bank herausgeworfen. Juden und Nichtjuden. Das war das Glück für meinen Bruder. Er wurde sofort bei einer großen Firma engagiert als socio – wie nennt man das …

… Partner …

… als Partner, und wurde langsam ein reicher Geschäftsmann. So musste meine Mutter nicht mehr arbeiten.

Sie waren zwölf, als Sie hier ankamen …
Ja. Mein Bruder hat mich mit vierzehn aus der Schule genommen, weil er meinte, die Gisela wird heiraten. Und die Direktorin hat meiner Mutter gesagt, das sei ein Verbrechen, weil ich die beste Schülerin sei. Aber damals war es üblich, dass der älteste Sohn bestimmt. Mein Bruder war der Chef im Hause. Er hatte mich auch aus der Pestalozzischule genommen, wo ich zuerst gewesen war, und gesagt, ich müsse in eine hiesige Schule gehen, vis-à-vis vom Teatro Colón. Sechs Monate später konnte ich Spanisch. Als Kind lernt man das schnell. Ich habe meine Schule nicht fertig gemacht. Ich kam in die Pitman, das ist eine Sekretärinnen-Schule. Mit fünfzehn habe ich als Sekretärin gearbeitet.
Nun möchte ich noch mal wissen, Sie waren zuerst an der Pestalozzischule.
Ja.
Und Ihr Bruder hat gesagt, nein, das ist nichts.
Das ist nichts, sie lernt da kein Spanisch.

*Aber an der Pestalozzischule haben die Kinder doch
Spanisch gelernt?*
Vielleicht. Aber er fand, dass ich in eine argentinische Schule
gehen solle, um besser Spanisch zu lernen. In der Pestalozzischule waren ja lauter Kinder aus ... Man nannte sie Emigranten, aber es waren Flüchtlinge. Und an der argentinischen
Schule war ich dann wirklich die beste Schülerin. Unter den
Blinden ist der Einäugige sehend. Ich war eine Einäugige
unter Blinden. Ich war nicht gescheiter als die anderen, aber
ich war fleißiger. Wenn man in der Minorität ist, gibt man
sich mehr Mühe, als wenn man zu der Masse gehört.

*Da Sie das jetzt angesprochen haben: Was ist für Sie eine
Emigration und was ist eine Flucht?*
Das ist einfach. Eine Emigration ist freiwillig. Man emigriert,
um sein Leben zu verbessern. Das ist aber kein Zwang. Eine
Flucht ist ein Zwang. Ich lehne mich dagegen auf, uns als
Emigranten anzusehen. Wir sind nicht emigriert. Emigriert
sind die Juden, die im 19. Jahrhundert vom Baron Hirsch im
Entre Ríos angesiedelt wurden. Das waren Emigranten. Sie
hatten natürlich Gründe, es ging ihnen nicht gut in Russland,
in Polen. Da waren die Pogrome. Aber sie gingen doch eher
freiwillig. Wir aber wurden gezwungen, wir wurden ja rausgeworfen.
   Ich wollte in Frankfurt Tänzerin werden. Ich war sehr dünn
und hatte lange dünne Beine – vorbei, vorbei, vorbei. Ich war
sehr agil und man hat mich in der Oper von Frankfurt geprüft.
Das war 1933, ich war neun Jahre alt. Ich hatte Talent und
man hat mich in der Tanzschule von Frankfurt akzeptiert. Aber
dann ist meine Mutter verständigt worden, dass sie mich doch
nicht aufnehmen könnten, weil ich Jüdin sei. Ich wurde '33
auch aus der Holzhausenschule geworfen und musste in eine
jüdische Schule. Komischerweise waren diese Enttäuschungen
nicht traumatisch für mich. Ich kann mich nicht erinnern, dass
ich ein Trauma hatte. Viel traumatischer war für mich als
Fünfjährige, dass mir der Nachbarsbub sagte, es gäbe keinen
Osterhasen, sondern meine Mutter und meine Großmutter
hätten die Eier versteckt. Ich erinnere mich noch sehr genau

daran, wie ich da geheult habe. Es war natürlich viel schlimmer, dass man mich aus der Schule geworfen hat, aber das habe ich vergessen. Ich weiß, dass es so war, aber was ich empfunden habe, habe ich vergessen.

Vielleicht spaltet man so etwas Massives in sich ab?

Ja, ja, ganz bestimmt.

Hat Ihre Mutter über diese Dinge, die geschehen sind, mit Ihnen gesprochen, oder wie war die Stimmung?

Meine Mutter war ein unglaublich positiver Mensch, die alles akzeptierte, ohne Drama. Sie war ein Mädchen aus reichem Hause. Erste Ehe geschieden, auch die zweite Ehe geschieden, aber nie geklagt. Meine Mutter war immer sehr optimistisch.

Hat Ihre Mutter in Argentinien wieder geheiratet, ein drittes Mal?

Nein, nein. Sie hatte einen Freund, da war ich so siebzehn. Sie war eine sehr schöne Frau. Da muss ich Ihnen sagen, entre parentesis, die Leute sagten zu mir: »Ihre Mama war das schönste Mädchen in Mannheim, Sie sehen ihr gar nicht ähnlich.« (lacht) Sie hatte hier einen Freund, mit dem sie aber Schluss gemacht hat, weil sie sagte, die Mutter eines Mädchens im heiratsfähigen Alter müsse ihren Namen wahren. So war meine Mama. Dann hatte sie, als sie schon über siebzig war einen Freund, der achtzig war und sie heiraten wollte. Sie wollte aber nicht.

Ich weiß nicht, was sie zu ihm gesagt hat, aber mir hat sie gesagt: »Ich will doch nicht morgens neben einem alten Mann aufwachen, der dieselben Wehwehchen hat wie ich. Ich heirate nicht.« Daraufhin sagte er, Clärchen, dann muss ich mir eine andere suchen, ich will heiraten. Dann such dir eine andere. Er hat eine andere gefunden und nach sechs Monaten ist er gestorben. Also, kein Drama.

Ihre Mutter scheint trotz ihrer großbürgerlichen Herkunft eine sehr moderne Frau gewesen zu sein.

Ja. Auch wenn sie mich anders erzogen hat und sagte: »Deine Unschuld ist deine einzige Mitgift. Die musst du dir bewahren.« Das war so üblich in Argentinien. Als ich ihr einige Jahre später sagte, Mama, ich habe die Mitgift ausgegeben, hat sie gesagt: »Na, mein Kind, genieße es, ich hab's nie genossen.«

Die casa Vidalinda steht in der calle Vidal. Vida linda: schönes Leben.

Das war meine Mama. Als sie neunzig war, hat ihre Enkelin ihr erzählt, dass sie nicht wisse, ob sie ihren novio heiraten soll oder nicht. Da hat meine Mutter gefragt: »Hast du mit ihm geschlafen?« »Huch, Oma!« »Aber wie kannst du sonst wissen, ob du ihn liebst oder nicht.« Also, sie hat sich adaptiert.
Hat Ihre Mutter auch Spanisch gelernt?
Na ja, so wie die Deutschen, die mit fünfzig hierhergekommen sind, das eben gelernt haben. Sie hat große Fehler gemacht. Weißt du, was »culo« ist? Das war am Anfang ihrer Emigration, da hat sie den Metzger gefragt: »Tiene lindo culo?« Also »Haben Sie einen schönen Hintern?« Was sie sagen wollte, war »caracú«, der Markknochen, der heißt caracú. Also, sie hat Spanisch gelernt, aber mit fünfzig lernt man eine Sprache nicht mehr richtig. Deshalb hat man DAS gegründet, damit sie Deutsch untereinander sprechen können. (Sie zeigt mit einer ausschweifenden Geste auf ihre Wohnung.)

Jetzt erklären Sie bitte, was DAS ist.

Die (casa) Vidalinda wurde von zwei Ehepaaren gegründet und gebaut, entworfen von Architekten und allen Fachleuten, die man für ein schönes Haus braucht. Aber niemand hat dabei verdient. Sie haben nur gerechnet, was sie ausgegeben haben, damit die Eltern von diesen Leuten und die Freunde der deutsch-jüdischen Gemeinschaft hier ein Zuhause finden, wo sie miteinander Deutsch sprechen können. Aber im Laufe der Jahrzehnte sind es immer weniger geworden und jetzt muss alles neu überlegt werden.

Es ist auch ein Zufall, dass ich noch hier bin. Ich war sechzig, als meine Mutter starb, und wollte die Wohnung sofort abgeben. Aber vernünftige Freunde haben gesagt, denke an dein Alter. Heute bin ich dankbar. Ich könnte in Buenos Aires keine Wohnung sechs Monate leer stehen lassen, da würden die Portiers ein Bordell daraus machen oder die Wohnung vermieten. Aber in der Vidalinda bin ich absolut geschützt. Seit zwanzig Jahren möchte ich ganz hierbleiben. Aber in Genf alles aufzugeben, dazu habe immer noch nicht den Mut gefunden. Ich habe ja in Genf bei der UNO gearbeitet.

Jetzt noch mal zurück. Sie haben hier als Sekretärin gearbeitet, auf Spanisch, auf Deutsch ...
... auf Spanisch, Deutsch und Englisch. Zuletzt war ich Übersetzerin in der Österreichischen Botschaft, noch vor 1955. Die haben mir drei Monate Ferien gegeben und aus den drei Monaten sind sechzig Jahre geworden. Eigentlich habe ich die Botschaft sitzen gelassen, weil ich zur UNO wollte. In die UNO kam man aber nicht ohne Beziehungen. Da brauchte ich Empfehlungen von der Botschaft. Ich habe sehr gezittert, aber die Empfehlungen waren wunderbar.
Sie sind also von der Österreichischen Botschaft zur UNO gegangen?
Nein, so rasch ging das nicht. Ich bin in dem Urlaub für drei Monate nach Europa und habe dann einige Jahre dort gelebt, etwas bohemienmäßig. Ich hatte nur zehntausend Mark. Die Deutschen waren ja nicht so großzügig wie die Österreicher. Die österreichischen jüdischen Kinder bekamen jeden Monat fünfhundert Mark, wenn sie wegen Hitler ihre Schule oder ihr

Studium abbrechen mussten. Wir deutschen jüdischen Kinder – damaligen Kinder – bekamen zweimal fünftausend Mark. Und mit diesen zehntausend Mark war ich zwei Jahre in München und habe an dem Institut Schmidt mein Diplom gemacht. Das »Schmidt« war damals, so um 1960 herum, ein bekanntes Dolmetscher-Institut. Dort habe ich studiert, obwohl ich kein Abitur hatte, was man dafür brauchte. Ich habe ein Abitur erfunden. Ich hatte mich ja auch weitergebildet. In Chemie und Mathematik war ich nicht zu gebrauchen, aber Generalkenntnisse hatte ich – cultura general …

Allgemeinbildung …

… Allgemeine Kultur hatte ich. Dann habe ich an der »Schmidt« dank meiner jüdischen Vergangenheit ein Diplom mit Examen gemacht und konnte zur UNO.

Otto Schmidt war vor dem Krieg als Dolmetscher beim Auswärtigen Amt. Dort war auch der berühmte Dolmetscher Hans Jacob. Da Schmidt während des Krieges der Dolmetscher von Hitler wurde, hat sich Jacob von ihm distanziert. Aber als ich bei Schmidt studieren wollte, hat Herr Jacob sich an ihn gewendet: »Geben Sie bitte Gisela Brunnehild die Chance, bei Ihnen ohne Abitur studieren zu können.« Und so hat Schmidt mich akzeptiert.

Wie war das für Sie, von Argentinien nach Deutschland zu gehen, in dieses Land, wo Sie ja …

Moment, ich war nicht gleich in Deutschland, ich war zuerst in Frankreich. Das hat alles seine Zeit gedauert. Aber für mich ist Deutschland heute ein Land, das überhaupt nichts mit dem Land zu tun hat, das ich verlassen habe. Die Menschen sind anders, die Einstellung ist anders. Ich bin jedes Jahr in Deutschland. Ich reise ja nur mit der Lufthansa und bleibe immer einen Tag in Frankfurt, weil ich dort zu tun habe.

Ich frage mich immer wieder, wie mein Leben gewesen wäre, wenn ich geblieben wäre. Das tut mir natürlich wahnsinnig weh. Aber ich fühle überhaupt keine Aversion gegen die Menschen heute. Die haben nichts zu tun mit den Monstren, den Idioten, den Millionen, die die Hand hochgehoben haben. Sie haben nichts mit denen zu tun. Es ist ein anderes Land. Das ist meine Einstellung. Das ist nicht die Einstellung aller.

1948 dachte mein Bruder, dass sich Deutschland nie erholen wird, und wollte ein arreglo, ein Agreement machen mit den Leuten, die uns alles weggenommen haben. Das Lagerhaus, die Villa, was weiß ich. Er ist 1948 nach Deutschland und hat sich mit den Leuten arregliert. Heute ist dort, wo unsere Villa war, ein Hochhaus. Am Anfang habe ich Tränen der Wut gehabt. Jetzt denke ich, dass mein Bruder mein Leben gerettet hat. Ist doch egal, was mit der Villa und all den Sachen passiert ist. Mein Bruder hat mit einer Versicherungsgesellschaft einen lächerlichen Betrag ausgemacht. Deshalb hatten wir später kein Recht mehr auf Wiedergutmachung. Aber mit dem, was er vereinbart hatte, sind meine Mutter und ich 1950 nach Deutschland gegangen, um für meinen Bruder Perserteppiche und einen Silberkasten zu kaufen und um für mich eine Aussteuer zu besorgen. Auch diese Porzellantassen, aus denen ihr getrunken habt, stammen daher. Das war direkt nach dem Krieg. Das war etwas eigenartig. Meine Mutter ging nach Heidelberg in eine Rheumaklinik, und ich fuhr mit dem Autostopp nach Bayreuth zu den *Meistersingern* und habe bei dieser Gelegenheit natürlich auch Nazis getroffen.
Das neue Bayreuth. Ihre Reise war dann 1951?
So ungefähr. *Die Meistersinger von Nürnber*g. Da konnte man einfach an die Kasse gehen, wie im Kino. Das ist Bayreuth gewesen, damals. Jetzt muss man zehn Jahre warten für eine Karte. (kurze Unterbrechung)

Sie wollten gerade erzählen, wie das für Sie war mit dem Autostopp und den Nazis.
Ja, da habe ich in Deutschland natürlich Nazis gesehen. Aber auch hier in Argentinien. Ich kann mich erinnern, dass ich mit einem Franzosen einen Flirt begann. Er hat mich in seinem Privatflugzeug mitgenommen, wir flogen auch über das Haus meines Bruders. Er hat mir den Hof gemacht und wusste nicht, dass ich Jüdin bin. Dann erzählte er, dass er damals natürlich nicht mit den Rothschilds verkehrt habe. Da bin ich aufgestanden und weggegangen. Also, so etwas passierte damals. Damals waren hier noch die Nazis und die Kollaborateure. Aber jetzt gibt es die nicht mehr. Ich treffe

nur auf Menschen wie Sie. Leute, die interessiert sind an meinem Schicksal und Wiedergutmachung versuchen, in allen Formen. Auch mit diesem scheußlichen Monument, das sie in Berlin errichtet haben, das mit den Steinen. Das gefällt mir gar nicht. Aber es ist ein guter Wille.

Warum gefällt es Ihnen so überhaupt nicht?

Ich bin davon überzeugt, dass es in ein paar Jahren als Spielplatz benutzt wird und die Leute gar nicht mehr wissen, was die Steine bedeuten. Es ist auch zu groß, zu weitläufig. Hingegen unten, das Museum der deutschen Juden ist fabelhaft. Das alleine ist schon ein Grund, nach Berlin zu fahren. Wenn man da in der Schlange steht, da sehen Sie überhaupt keine Juden. Es sind alles Deutsche, deutsche Christen. Also für mich ist Deutschland ... Ich glaube, ich hätte sogar in München leben können. Ich war damals verlobt. Ich glaube, ich hätte in München leben können. Ja, ich hätte in München leben können.

Sie leben heute nach wie vor die Hälfte
des Jahres in Buenos Aires.

Ja, ich lebe hier sehr gerne, obwohl ich todunglücklich über die Politik bin. Argentinien war moralisch noch nie so tief unten wie jetzt. Wir werden angelogen mit einem Zynismus – ich weiß nicht, wie Ihre Einstellung ist, und bitte um Entschuldigung, wenn ich Ihnen weh tue. Alle, die hierherkommen, sind begeistert von Buenos Aires, alle.

Als ich 1955 nach Europa kam, hat man mich gefragt: »Ach, Sie kommen aus Buenos Aires? Kennen Sie vielleicht den Herrn Müller in Rio de Janeiro?« Da wussten die Europäer überhaupt nicht, wie das hier ist. Und die Argentinier selber, die fuhren auch nicht nach Iguaçu. Die fuhren höchstens nach Bariloche. Nur die Allereuropäischsten fuhren nach Punta del Este, Mar del Plata und Europa, aber Argentinien selber haben sie nicht besucht. Jetzt ja, aber damals nicht. Ich finde das Land faszinierend und fahre jedes Jahr in eine der Provinzen. Die nächste Reise möchte ich nach Catamarca machen. Eben war ich in San Juan. Da war ich das Naturwunder, denn ich bin mit einem Wind Car gefahren. Kennt Ihr das?

Nein, was ist das?
Da liegt man in einer Schale mit einem Segel neben einem
Guide – das Schwierigste ist das Rein und Raus – und rast
über eine Fläche, einen trockenen See. Wie ein Surf im Wasser,
nur auf fester Erde. Wunderbar!
Das haben Sie jetzt noch gemacht?
Das habe ich gemacht und möchte jeden Tag zehn Mal rauf
und runter mit diesen cuatro por cuatro, diese großen Autos,
mit denen man auf den schmalen Bergwegen fährt, über Stock
und Stein, bis zu 4300 Meter hoch. Wir waren eine kleine
Gruppe von acht Personen. Aber wir hatten einen Inspektor
des Nationalparks dabei und einen Paramedico. Ein Paramedico ist eine Mischung aus Arzt und Krankenschwester. Der
maß jeden Tag unseren Blutdruck und prüfte die Sauerstoff-
menge. Ich war die weitaus Älteste, die anderen waren in den
Vierzigern, Fünfzigern. Ich hatte weniger Sauerstoff im Blut
als die anderen, aber mir wurde auch nicht schlecht wie den
anderen. Wir gingen jeden Tag an den Tank zum Einatmen
von Sauerstoff. Herrlich.

Es war ein bisschen leichtsinnig von mir. Sie haben mich
auch alle besonders nett behandelt. Nicht, weil sie mich lieb
hatten, sondern weil sie Angst hatten, dass der Alten etwas
passiert und dann der ganze Urlaub für sie platzt.

*Sie fliegen ja auch noch, wenn ich es richtig verstanden
habe, jedes Jahr nach Europa.*
Ja, mein Schatz, anders geht's nicht. Die Omnibusse fahren
nicht bis dahin. Ich habe für dieses Jahr schon Pläne gemacht.
Ich fliege nach Graz, dann möchte ich nach Hamburg und
im November nach Israel. Aber es kann natürlich alles Mögliche passieren, auch wenn ich mich so entschieden habe.

Wenn es hier kalt wird, gehe ich in die Schweiz. Sechs
Monate hier, sechs Monate da. Nur dieses Jahr bleibe ich
länger hier, um meinen Geburtstag zu feiern. Hier sind meine
Jugendfreunde, so sie noch leben.
Sind die Jugendfreunde argentinische Freunde oder ...
Es gibt argentinische Freunde. Aber auch der ganze Kreis um
Liesel Bein herum, zum Beispiel. Wir kennen uns, seitdem wir

sechzehn sind. Sie ist ja etwas jünger als ich. Aber sie hat dasselbe Schicksal gehabt, sie musste auch früh arbeiten. Alle meine Freundinnen, die emigrierten, mussten früh arbeiten. Wir hatten in unserem großen Kreis einen jungen Mann, in den ich mich nur deshalb verliebt habe, weil er der Einzige war, der studieren konnte, da er einen reichen Onkel hatte. Sonst haben alle gearbeitet. Deshalb hat man sich nicht disminuiert, wie heißt das, vermindert gefühlt. Sehen Sie, ich kann noch Deutsch! Man hat sich nicht vermindert gefühlt, weil alle in der gleichen Situation waren. Später war ich aber sehr unglücklich, dass ich nicht studieren konnte. Sehr unglücklich. Ich bin es auch heute noch. Ich hätte ein ganz anderes Schicksal gehabt.

Trotzdem, ich habe eine sehr gute Karriere bei der UNO gemacht. Das erlaubt mir, so zu leben, wie ich lebe.

Die ersten fünfzehn Jahre habe ich freiberuflich gearbeitet, weil ich immer Angst hatte, mich zu binden, in jeder Beziehung, auch im Beruflichen. Diese Jahre sind nicht pensionsberechtigt. Aber die fünfzehn Jahre als Festangestellte bei der UNO erlauben mir jetzt, so zu leben, wie ich lebe. Ich kann mir alles leisten, was ich brauche. Ich habe keine großen Ansprüche. Einmal die Woche kommt eine Angestellte. Und wenn ich wirklich einmal nicht mehr alleine leben kann … Das ist der Grund, warum ich diese Wohnung habe. Hier kann ich es mir leisten. Nicht in Genf. In Genf wohne ich in einer Wohnung, die ein Liebesnest für eine 40-Jährige ist, nicht für eine 90-jährige Dame. Kein Lift, nur eine Treppe! Ich hätte auch gar keinen Platz für eine, ähm …
… Pflegerin?
Pflegerin, genau. Und die Altersheime könnte ich mir in Genf eh nicht leisten.

Hier aber könnte ich es mir leisten, eine Pflegerin zu haben, wie meine Mutter. Meine Mutter hat hier gelebt, bis sie mit 96 gestorben ist. Auch Edith Silber, die Bibliothekarin, hat bis zum Schluss hier mit einer Pflegerin gewohnt.

Ich fühle mich hier geschützter. Ich habe zwar keine eigene Familie, aber ich habe eine Adoptivfamilie. Als meine beste Freundin gestorben ist, haben mich ihre drei Kinder als Tante adoptiert. Mein Geburtstag findet in der Villa der ältesten Tochter in San Isidro statt. Dieser Tage kommt die andere Tochter vorbei, damit wir alle Papiere regeln. Sie ist meine Bevollmächtigte und wie eine Tochter für mich. In Genf habe ich viele Freunde, aber keine Familie.

Es ist ja freiwillig, dass ich keine eigene Familie habe. Die beiden Scheidungen meiner Mutter haben mich nicht besonders für die Ehe prädestiniert. Ich hatte trotzdem ein sehr reiches Liebesleben, affektiv sehr reich. Und ich war eine Pionierin. Heute heiratet keines der Mädels mehr. Aber damals war ich eine Pionierin. Außerdem gehen jetzt auch sehr viele nach Europa zurück. Damals ging niemand nach Europa zurück, nur ich. Meine Freundinnen blieben alle hier und haben geheiratet. Ich war eine Pionierin, eine freie Frau. Ich bin noch immer eine freie Frau. Ich habe nichts zu bereuen, nichts.

Es ist sehr wichtig, nichts zu bereuen. Und sogar Deutschland ... Doch Deutschland bereue ich. In dem Sinne, dass es mir leid tut, es verloren zu haben. Es wäre mein Land geworden. Ich hätte bestimmt ein anderes Leben gehabt. Ich hätte studiert.

Ich dachte, Sie wollten Tänzerin werden?

Schatz, da war ich neun Jahre alt. Es wäre ein Hobby geworden. Ich hätte studiert, Psychologie. Eigentlich wollte ich aber Journalistin werden. In Genf habe ich den Vertreter von der *Deutschen Welle* kennengelernt und habe ihm erzählt, wenn Hitler nicht gekommen wäre, wäre ich Journalistin geworden. Er sagte, da gebe ich Ihnen eine Chance. Machen Sie die Interviews mit den lateinamerikanischen Delegierten. Aber dann ist alles Mögliche passiert und ich habe mich auch nicht getraut, und sechs Monate später kam er wieder: »Sehen Sie, Sie haben nix gemacht. Sie wären keine Journalistin geworden.« Am nächsten Tag habe ich mir von der *Deutschen Welle* eine Nagra (Tonaufnahmegerät) ausgeliehen. Mein erstes Interview war in Indien bei einer Konferenz mit dem argentinischen Botschafter. Ich stellte meine Fragen und er sprach tata, tatatata. Auf einmal bemerkte ich, dass ich vor Aufregung vergessen hatte, die Nagra anzustellen. Verliere ich jetzt mein Gesicht, oder verliere ich das Interview? So ging das, tuck, tuck, tuck. Das war 1968. Ich war jünger,

hübscher und habe gesagt: »Señor Ministro, Usted es mi primer ministro, estuve tan emocionada que olvidé poner el aparato.« Hahaha! Er hat laut gelacht und das Gespräch noch einmal für mich wiederholt. Diese Tätigkeit habe ich dann mehrere Monate gemacht, bis ich bei der UNO einen festen Vertrag bekam. Da konnte ich das nicht mehr machen. Aber es wäre mein Wunsch gewesen: Journalistin.

Haben Sie hier auch Tango getanzt?

Das war damals noch nicht so in Mode wie jetzt. Jetzt kommen Freunde hierher und lernen Tango. Eine Bekannte, eine Violinistin, ist hierhergekommen, um mit ihrer Geige Tango zu spielen. Jetzt hat sie sich so in Buenos Aires verliebt und Freundschaften mit Musikern geschlossen, dass sie schon zum zweiten Mal hier ist. Mit ihr war ich letzten Freitag in einem wunderbaren Lokal – conocen los bares notables? En Barracas, hay un bar fantastico …

Los Laureles?

Si! Los Laureles. Ningún turista, todos argentinos vecinos del barrio que comían allí. Nur Leute aus dem barrio, alle haben getanzt und gegessen, es war herrlich. Wir sind bis zwei Uhr, drei Uhr morgens geblieben.

Giselas Aussicht

Wir wollen uns in Genf treffen und tauschen die E-Mail-Adressen aus. Ungefähr zwei Jahre mailen wir immer wieder, aber dann werden meine E-Mails an sie plötzlich als »Mail delivery« zurückgeschickt.

Ich habe große Sorge, dass sie vielleicht gestorben sei. Turbulente Lebensumstände verhindern, dass ich mich weiter darum kümmere. Erst im Jahr 2019 begebe ich mich auf Recherche. Gisela Brunnehild ist im Dezember 2018 von einem Sender in einem Kurzbeitrag über die Casa Vidalinda interviewt worden. Da hat sie also noch gelebt.

Als ich endlich für das Jahr 2020 eine Reise nach Buenos Aires planen kann, ist einer meiner Anhaltspunkte, dass Frau Brunnehild ab April in Europa sein würde. Also buche ich die Reise für Anfang Februar bis Ende März.

Einer der Ersten, den ich kontaktiere, ist Roberto Bein, der Sohn von Liesel Bein. Er überbringt mir nicht nur die traurige Nachricht, dass seine Mutter gestorben sei, sondern auch, dass Gisela Brunnehild jetzt schon in Genf sei, weil sie die dortige Wohnung auflösen wolle, um fortan ganzjährig in der Vidalinda zu leben. Im März wolle sie aber nach Buenos Aires zurückkehren.

Ich radele zur Vidalinda, um das ausgedruckte Gespräch beim Portier abzugeben. Auch der Portier bestätigt, dass Frau Brunnehild in den nächsten Tagen erwartet werde.

Dann kommt Corona. Einen Tag vor dem letzten offiziellen Flugtag am 16. März 2020 schaffe ich es unter abenteuerlichen Umständen, nach Europa zurückzukehren. Gisela Brunnehild ist noch in Genf.

Anfang 2022 erfahre ich, dass sie wieder in der Vidalinda lebt, zusammen mit einer Pflegerin.

GOETHES STILLSTAND

Im November 2011 habe ich einen Termin im Goethe-Institut. Das Goethe-Institut hat einen meiner Filme mitfinanziert und in vier Sprachen untertiteln lassen, darunter auch Spanisch. Ich hoffe, während meines Aufenthalts in den nächsten vier Monaten eine Vorführung organisieren zu können.

Die Leiterin der Filmabteilung schüttelt den Kopf. Der Kinosaal sei gesperrt, weil die Mietverhältnisse nicht geklärt seien. Das könne Jahre dauern. Mein Vorschlag, dass für die Vorführung ein kleiner Raum für ungefähr vierzig Leute ausreiche, lehnt sie ab: »Das geht nicht. Unser Programm steht. Außerdem können wir keine Entscheidungen treffen, weil wir seit Monaten keinen Institutsleiter haben. Und Geld haben wir eh nicht.« »Ja, aber es geht nicht um eine große Entscheidung. Das Goethe-Institut hat den Film mitfinanziert, ich bin auf eigene Faust hier und koste nichts. Sie haben so viele Räume im Institut, da müsste doch irgendwie … Außerdem ist der Film ein sehr lebendiger Abriss der kulturellen deutschen Nachkriegsgeschichte.« »Das interessiert hier niemanden.« »Entschuldigen Sie, ich dachte, dass das Goethe-Institut dazu da sei, deutsche Kultur im Ausland zu präsentieren?« »Natürlich. Aber zurzeit geht nichts. Außerdem beginnen jetzt die Sommerferien.«

Etwas enttäuscht stolpere ich die Treppen hinunter ins Archiv des Goethe-Instituts. Dort werde ich von einer quirligen Bibliothekarin freundlich begrüßt. Voller Elan geht sie mit mir die Regalreihen für die Dokumentarfilme durch. Mein Film ist nicht zu finden. »Vielleicht hat er einen anderen Titel?« »Ich bin die Regisseurin des Filmes. Ich weiß ziemlich genau, wie er heißt.« »Tja.« Tja.

Ich finde den Film in den Regalreihen für fiktive Filme. Er ist also versehentlich falsch archiviert worden. Die freundliche

Archivarin verspricht, den Fehler auszumerzen, wenn sie Zeit hat. Sie erlaubt mir, mich weiter umzusehen. In den Archivregalen stehen diverse, recht angestaubte Klassiker herum, sowohl bei der Literatur als auch beim Film. Bei den aktuelleren Arbeiten kann man erkennen, wer gute Beziehungen zum Goethe-Institut hat. Ein sehr verwirrender Einblick in das Anliegen Deutschlands, seine Kultur im Ausland zu verbreiten. Spätestens vor der Säule, an der deutsche Tageszeitungen hängen, bin ich sprachlos. Da hängen nur ein paar vergilbte Ausgaben der *Welt*. »Sind das alle deutschen Zeitungen, die Sie haben?« »Ja.« »Aber die *Welt* repräsentiert doch nicht Deutschland. Zumindest die *FAZ*, die *SZ*, *Die Zeit*, der *Spiegel* müssten doch vorhanden sein.« »Es interessiert sich niemand mehr für Zeitungen.« »Ich würde jetzt gerne eine aktuelle *SZ* lesen.« »Wir sind nicht dafür da, dass Deutsche hier Zeitung lesen, und die Argentinier haben keine Zeit dafür.« »Lesen die Argentinier, die sich für deutschsprachige Zeitungen interessieren, alles online?« »Weiß ich nicht. Bis vor ein paar Jahren haben wir von der Lufthansa die ungelesenen Exemplare der *Süddeutschen Zeitung* und der *Zeit* bekommen. Aber dann ist das Porto teurer geworden, und die Lufthansa hat die Versendungen eingestellt. Seitdem bekommen wir keine aktuellen Zeitungen mehr.«

Es gibt noch eine einzige deutschsprachige Zeitung in Buenos Aires. Das *Argentinische Tagesblatt*, das von der Schweizer Emigrantenfamilie Alemann bereits in den 80er-Jahren des 19. Jahrhunderts gegründet wurde. Alle anderen Zeitungen, die deutsch-jüdischen, die nazi-deutschen, die neutralen Handelszeitungen usw. gibt es schon lange nicht mehr. Das *Argentinische Tageblatt* hält durch. Nicht mehr als Tageszeitung, aber als Wochenzeitung, die jeden Samstag erscheint. Sogar den Corona-Zeiten scheint es zu trotzen, wenn auch mit deutlich verringerter Seitenzahl, erfahre ich im September 2020 von der Journalistin Marion Kaufmann, die hier auch ihre Geschichte erzählt und seit über siebzig Jahren für das *Tageblatt* schreibt. Sie fürchtet nun als 95-Jährige um ihre Kolumne.

In einem Fenster neben dem Eingang zum Tageblatt

Im Jahr 2014 versuche ich in der Deutschen Botschaft etwas für das vorliegende Projekt zu organisieren. Der Botschafter sagt: »Ihr Projekt ist interessant und vielleicht gibt es Möglichkeiten mit dem Goethe-Institut, mit dem wir gut kooperieren. Aber eigentlich interessiert uns die Vergangenheit nicht mehr. Wir wollen uns modern und zeitgemäß präsentieren.« Ich kontaktiere das Goethe-Institut nicht. Wie schon drei Jahre zuvor ist es auch jetzt wieder ohne Leitung. Der Kinosaal ist ebenfalls noch gesperrt.

Offen ist hingegen die älteste Synagoge der Stadt, die auch unter dem Namen Templo Libertad bekannt ist und mitten im Zentrum steht, neben dem Teatro Colón.* Während der semana santa vor Pessach war sie geschlossen, nun aber ist sie geöffnet. Hinter dickem Glas kann man im Museum der Synagoge wertvolle Thoras bewundern, Anne Frank-Reliquien und viele Fotografien und Schriften, die für die jüdische Welt in Argentinien eine Bedeutung haben. Im sympathischen Café Mench gibt es eine aktuelle Ausstellung, die das Moses Mendelssohn Zentrum – Potsdam installiert hat. Sie heißt

250 años del Hospital Judío de Berlin. Ich bin nicht die einzige Besucherin, die die Exponate studiert. Die Ausstellung schafft es, das jüdische Leben in Deutschland zu vergegenwärtigen, den Wahnsinn der beiden Weltkriege zu verdeutlichen und die perfide Grausamkeit des Faschismus nahezubringen.

Ich muss dem Botschafter innerlich widersprechen. So nachvollziehbar es ist, Deutschland lieber von den Altlasten befreit präsentieren zu wollen, in seiner vermaledeiten Vergangenheit steckt sehr viel, das erschreckend aktuell scheint.

Von einem Alltags-Antisemitismus scheint Argentinien weitestgehend verschont zu sein. Aber die Attentate auf jüdische Institutionen in den Jahren 1992 und 1994 halten das Land heute noch im Atem. Der Bombenanschlag 1994 auf das AMIA (Asociación Mutual Israelita Argentina) mit 85 Todesopfern und mehreren Hundert Verletzten ist bis heute der größte Anschlag, den das Land jemals zu erleiden hatte. Ein libanesischer Attentäter wurde 2005 zwar identifiziert, aber die Hintergründe für dieses Verbrechen liegen bis heute im Dunkeln. Ebenso nebulös ist immer noch, ob oder inwieweit die Regierung des Landes selber daran beteiligt war.

Der Sonderstaatsanwalt Alberto Nisman hatte es sich seit 2005 zur Lebensaufgabe gemacht hat, alles aufzudecken.

Zehn Jahre später – im Januar 2015 – wurde er tot aufge-
funden. Ob er sich selber umgebracht hat oder ermordet
wurde, ist noch ungeklärt, auch wenn sich der Verdacht immer
mehr erhärtet, dass es kein Suizid war. Er wurde auf dem
jüdischen Friedhof beerdigt.

Im Jahr 2020 hat das Goethe-Institut immerhin eine stell-
vertretende Institutsleiterin.

* Im November 1897 war die Grundsteinlegung für die Sinagoga de la
Congregación Israelita de la República Argentina. 35 Jahre später,
im Jahr 1932, konnte das Gebäude als Synagoge und Museum eingeweiht
werden.

RODOLFO LEESER –
der Gaucho

9. April 2014. Rodolfo Leeser ist der einzige meiner Gesprächspartner, der nach der Ankunft mit seinen Eltern nicht in Buenos Aires lebte, sondern auf dem Land, in Entre Ríos, ein Gebiet nahe Brasilien und Paraguay, umrahmt von den Flüssen Paraná und Uruguay. Heute aber lebt Rodolfo in Buenos Aires, wie beinahe alle Gesprächspartner in Belgrano.

Eine flirrende Spätsommerhitze, gut 40 Grad, dazu eine tropisch hohe Luftfeuchtigkeit. Trotzdem fühle ich mich immer wieder wie in einer kleinen deutschen Altstadt. Dann wenn ich auf eines der Häuser stoße, die den Fachwerkstil imitieren oder aus rotem Backstein errichtet sind. Die *porteños* nennen diesen Baustil aleman, deutsch.
 Ohne einen Millimeter Abstand ragen links und rechts neben dem Wohnhaus von Rodolfo Wolkenkratzer mit über zwanzig Etagen hoch in den Himmel.
 Eine kleine Dame mit einer Schürze über dem Kleid öffnet mir die Tür. Hinter ihr steht Rodolfo, in einem frisch gestärkten karierten Hemd und begleitet von einem pechschwarzen Scotch Terrier, der freudig an mir hochspringt. Rodolfo begrüßt mich mit Handschlag und stellt mir die Dame vor: »Das ist Marcela. Sie kommt aus Paraguay und hilft uns schon seit über dreißig Jahren im Haushalt. Möchtest Du etwas trinken? Marcela hat alles vorbereitet.«
 »Hola Marcela. Gracias. No necesito nada, gracias. – Ich würde mir gerne erst einmal die Räumlichkeiten ansehen und mit Ihnen überlegen, wo wir das Gespräch führen.«
Rodolfo: »Natürlich. Ich zeige Dir die Wohnung. Sie ist ganz typisch für den Kolonialstil, den es hier sehr häufig gibt.«
 Rodolfo führt mich in sein Arbeitszimmer, das sehr dunkel ist. Um dort genügend Licht für die Filmaufnahmen zu bekommen,

bräuchte ich Zusatzlampen. Aber heute kommt kein Team, also auch kein Zusatzlicht.

Rodolfo führt mich weiter durch die Wohnung. Es gibt noch ein kleines Schlafzimmer, einen Wohnraum mit Sofaecke, dem runden Esstisch und einer Treppe, die nach oben führt, ein Badezimmer und eine große Küche. Durch die Küche gelangt man auf einen sonnigen Patio, dem sich ein kleiner Garten anschließt. Hier würde ich gerne unter den alten Bäumen das Gespräch aufnehmen. Aber Rodolfo ist es auch im Schatten zu heiß. Er bittet mich, die Filmaufnahmen in seinem Arbeitszimmer zu machen, wo er schon diverse Dokumente vorbereitet habe.

Neben dem Arbeitstisch steht eine Lampe. Ich ruckele diese Lampe so lange hin und her, bis sie ihr schwaches Licht auf Rodolfo abwirft. Der Lampenschirm ist ungewöhnlich groß, Rodolfo wirkt unter ihm noch zierlicher, als er ohnehin ist. Aber sein Gesicht, seine Haltung strahlen eine ruhige Würde aus. In knappen Sätzen umreißt er seine Herkunft, die Flucht und die Ankunft. Ich muss immer wieder nachhaken, um die Zusammenhänge zu eruieren. Seine Ausführungen, die er in einem sehr altmodischen Deutsch berichtet, werden im Laufe des Gesprächs etwas verwirrend. Vermutlich strengt es ihn doch mehr an, als er vorgibt, auf Deutsch zu sprechen, und über all das …

Einige Begriffe tauchen in Rodolfos Ausführungen immer wieder auf. Sie wirken wie ein Anker: Existenzaufbau, Dankbarkeit, die gleichen Rechte und Verpflichtungen wie alle anderen Menschen erhalten zu haben. Pflichtbewusstsein. Keine Silbe der Klage, eine tief sitzende Erschütterung über gewisse »Tatsachen«.

Eine dieser Tatsachen versteckt sich gleich im ersten Satz. Ich fasse ein paar Gesprächspassagen zusammen, um diese Tatsache zu veranschaulichen.

Ich war als Kind in der Schule in Ahlem bei Hannover. Das heißt, als ich nicht mehr auf die deutsche Schule gehen durfte, kam ich nach Ahlem, bis wir Ende 39 nach Argentinien ausgewandert sind. Da war ich dreizehn.

Immer wieder kommt Rodolfo auf Ahlem zurück:
Wir waren liberal eingestellte Juden. Ich entsinne mich, dass meine Eltern Mitglieder einer jüdischen Gemeinde in Bückeburg waren. Bückeburg ist eine Stadt in der Nähe von Hannover. An traditionellen Feiertagen wurden wir Kinder mitgenommen. Wir haben sämtliche Feiertage gefeiert, sei es Hanukah oder Weihnachten, alles, was uns schöne Geschenke brachte.
Es gab auch damals schon Mischehen in der Familie. Aber dann ... Ich glaube, es ist ein bisschen überflüssig, wenn ich auf diesen ganzen Mist, der dann geschehen ist, zurückkomme. Aber ich habe ein Buch über Ahlem. In ihm ist aufgezeichnet, wie viele Menschen, die unserer Familie angehörten, ums Leben gekommen sind. Das waren logischerweise alles Menschen, die niemandem etwas zuleide getan haben, sondern konstruktive Mitbürger waren. Das sind alles keine Märchen. Es ist eine Tatsache.

Etwas später frage ich:
Glauben Sie, dass Ihr Leben, Ihr berufliches Leben sehr anders verlaufen wäre, wenn Sie in Deutschland geblieben wären? Eine rein hypothetische Frage ...
Sie sprechen davon, wenn nicht diese Naziverfolgung gewesen wäre?
Ja.
Das ist sehr schwer zu entscheiden.
Also, Sie hatten nicht zum Beispiel mit dreizehn einen Berufswunsch?
Nein. Ich war in der Schule in Ahlem interniert. Im Juli soll dort eine Feier stattfinden. Man hat mich eingeladen. Aber ich bin noch sehr unentschlossen. Unwillkürlich denke ich an die vielen Kinder, die nicht mehr leben. Die nicht erwachsen werden durften, die keine Männer und keine Frauen geworden sind. Die umgekommen sind und mit ihnen viele Familienangehörige. Also, es ist noch nicht entschieden, ob wir fahren. Es ist anzuerkennen, dass die jetzigen Behörden sich Mühe geben, vieles gutzumachen. Aber es gibt Tatsachen, die irreversibel sind und die man beim besten Willen nicht rückgängig machen kann. Sie sind und bleiben eine Tatsache.

Im Anschluss an das Gespräch zeigt mir Rodolfo das Buch über Ahlem. Ich kann es nur überfliegen, aber was ich sehe, lässt mir den Atem stocken.

Rodolfo – vor seiner Flucht Rolf – war auf der Israelitischen Gartenbauschule Ahlem. Ende des 19. Jahrhunderts waren durch die russischen Pogrome gut 5000 Juden nach Hannover gekommen, die meist in Armenvierteln lebten. Der jüdische Bankier Alexander Moritz Simon gründete 1893 diese israelitische Erziehungsanstalt, damit die Kinder eine gute Ausbildung bekamen und auf den Gartenbau und Handwerksberufe vorbereitet wurden. 1919 wurde die Erziehungsanstalt in »Gartenbauschule« umbenannt.

Nach der Machtergreifung der Nazis im Jahr 1933 stiegen die Aufnahmegesuche für die ungefähr hundert Ausbildungsplätze enorm. Aus ganz Deutschland und Osteuropa kamen Anfragen, da die Schule Juden einen gewissen Schutz bot und sie auf die Emigration vorbereitet wurden. Viele Absolventen wanderten nach Palästina aus und gründeten Gärtnereien, leisteten Entwicklungshilfe, halfen Siedlungen aufzubauen.

1942 richteten die Nazis in der Schule ihre Sammelstelle für die Transporte ein. Von dort aus wurden laut Wikipedia-Eintrag 2174 Juden deportiert. Es gab viele Hinrichtungen vor Ort, auch an sowjetischen Kriegsgefangenen.

Seit 1987 gibt es die Mahn- und Gedenkstätte Ahlem.
Von Ahlem aus konnte Rodolfo also mit seinen Eltern entkommen.

Wir sind von Deutschland mit dem Zug nach Italien gefahren, über München und über den Brenner. Von Genua aus ging es mit der Conte Grande weiter nach Buenos Aires. Auf der Conte Grande wurden ziemlich viele Emigranten befördert, Italiener, Portugiesen, jüdische Familien, deutsche Geschäftsleute. Die Menschen waren auf dem Schiff zusammengepfercht. Die Kajüten, die Schlafräume waren sehr begrenzt. Es gab eine gewisse Angst, dass Italien auch in den Krieg eintreten würde. Man wusste nicht, ob man noch rechtzeitig ankommen oder auf der Strecke bleiben würde. Wir hatten Glück und sind ohne Schwierigkeiten in Buenos Aires angekommen. Das Schiff wurde, glaube ich, auf der Rückfahrt interniert, in Brasilien. Aber ich kann es nicht mit absoluter Präzision sagen. Ich war noch ein Junge, da gibt es viele Sachen, die man vergisst.
Wir sind hier am 16. oder 18. Januar 1940 angekommen und dann direkt nach Entre Ríos gegangen, in die Colonia Avigdor. Das ergab sich durch die Fundación Baron Hirsch, der dort schon Ende des 19. Jahrhunderts eine Siedlungsgemeinschaft gegründet hatte, um den verfolgten Juden aus Russland, Polen und anderen Ländern zu helfen und ein neues Leben zu ermöglichen. Bis dann wir deutschen Juden an der Reihe waren. Man hat uns die Möglichkeit gegeben, hier wieder eine Existenz aufzubauen.*
Für meine Generation war es nicht sehr kompliziert, sich einzuleben. Für unsere Eltern war es viel schwieriger. Sie waren abhängig von uns Kindern. Das war nicht leicht für sie. Meistens ist es ja andersherum und die Eltern unterstützen die Kinder. Aber sie beherrschten die Sprache nicht und es fiel ihnen sehr schwer, Spanisch zu lernen.
Die Bevölkerung in Entre Ríos war großzügig, außerdem haben wir durch die intensive Landarbeit Arbeitsplätze geschaffen. Für uns war es nicht so schwierig, sich in das Leben auf dem Land einzugewöhnen. Wir waren ja vom Lande.

Seit mehreren Generationen hatten wir in Norddeutschland in der Nähe von Hannover gelebt. Schwieriger war es, sich an die hohen Temperaturen zu gewöhnen. Aber das war nebensächlich. Wir haben versucht, eine Existenz aufzubauen, und wir hatten sämtliche Chancen, Mitbürger im Lande zu werden, in einem Land, das sehr großzügig war.

Wenn Sie sagen, Sie waren dreizehn oder vierzehn Jahre alt, wann …
Ich war dreizehn. Ich bin am 13. Oktober 1926 geboren. Ich hatte einen älteren Bruder, der vor circa zwanzig Jahren gestorben ist. Er hat in Buenos Aires Spielzeug hergestellt, das bis in die 1970er-Jahre sehr in Mode war.
Sie sind also mit Ihren Eltern über die Fundación Baron Hirsch nach Entre Ríos gekommen. Wie …
Ja. Die Fundación Hirsch war eine Stiftung, die verfolgten Menschen ein Unterkommen ermöglichte. Die Menschen bekamen Kredite zur Verfügung gestellt, erhielten Land und landwirtschaftliche Apparate, Maschinen. Es ging darum, das Land zu kultivieren. Man hat auch Kredite bekommen, um Vieh zu kaufen. Pferde waren unser Fortbewegungsmittel. Wir hatten ständig fünfundzwanzig bis dreißig Pferde, die für unsere Arbeit notwendig waren, um das Land zu bestellen und zu roden.

Wir stellten auch Menschen an, die auf diese Arbeiten spezialisiert waren. Denn es waren ja richtige Urwälder, und es gab alle möglichen Schwierigkeiten. Wir waren großen Witterungskatastrophen ausgesetzt. Wir arbeiteten sehr hart. Es war damals keine Rede von einem Acht- oder Vierzehn-Stunden-Tag. Nein. Wir mussten versuchen, eine Existenz aufzubauen. Und das hat auch ziemlich gut geklappt. Später haben wir noch Land dazu gepachtet und haben konstruktiv gewirtschaftet. Wir sind auch zu moderneren Maschinen übergegangen, die damals aus Kanada importiert wurden. Man hat dazugelernt und hat jeden Tag gesehen, dass man viel arbeiten muss, um sich durchzusetzen.

Was hatten Ihre Eltern zuvor in Deutschland gemacht?
Mein Vater, Louis Leeser, war Viehhändler. Meine Mutter, Rosa, eine geborene Heine, stammte aus Westfalen und kannte die Landarbeit auch. Wir haben hier in kürzester Zeit einen herrlichen Garten gehabt, in dem alle möglichen Früchte wuchsen, die meine Mutter mit sehr viel Geschick angepflanzt hatte. Die Nachbarn kamen immer und sagten, dass sie kein Glück hätten. Meine Mutter hat ihnen erklärt, wie man dem Glück ein bisschen nachhelfen kann.
(Der Hund bellt.)
Stört der Hund? Dann schmeißen wir ihn raus.
Wie bitte?
Stört der Hund?
Nein, überhaupt nicht.
Gut. Wir haben siebzehn Jahre auf dem Lande gelebt. Ich habe dort auch meine Frau kennengelernt, eine geborene Freudenstein. Wir haben jung geheiratet, ich war dreiundzwanzig Jahre alt und meine Frau ein Jahr jünger. Wir sind mit viel Enthusiasmus unserer Arbeit nachgegangen. Mein Vater war bei unserer Hochzeit nicht mehr zugegen. Er ist 1949 gestorben. In seinen letzten Jahren in Deutschland hatte er Straßenbauarbeiten machen müssen. Diese Tätigkeit hat er nicht gut überstanden. Meine Mutter hat uns immer begleitet. Von den über hundert Familien deutsch-jüdischen Ursprungs, die dort angesiedelt waren, gab es welche, die sich besser anpassten und denen die Landwirtschaft lag. Aber es gab auch Akademiker, Angestellte, es gab alle Gesellschaftsschichten, denen es dort nicht gut ging. Viele Personen wanderten in die Großstädte ab und suchten dort ihr Glück. Die Übriggebliebenen hatten die Möglichkeit, deren Ländereien zu übernehmen. Wirtschaftlich ergab sich für die Übriggebliebenen eine günstige Position. Aber es kam dann zu Schwierigkeiten mit der ärztlichen Behandlung. In den ersten Jahren hatten wir einen ärztlichen Dienst, der von der Gemeinschaft gemeinsam getragen wurde. Aber als es zu der Abwanderung kam, sind auch viele Ärzte weggegangen.Es entstanden manchmal Situationen, die ein bisschen wie fuerza mayor (höhere Gewalt) waren. Es gab viele Sterbefälle.

Auch meine Frau und ich haben ein Kind verloren. Das hat uns ziemlich affektiert und deshalb haben wir die Colonia Avigdor verlassen und hier eine neue Existenz aufgebaut. Das heißt, wir haben die Ländereien behalten und sie von einem Bekannten verwalten lassen. Ich bin hier in eine Firma eingetreten, die Fleisch exportiert hat. Parallel dazu haben wir eine Geflügelzucht aufgezogen, die wir immer noch betreiben. Ich bin heute ein jubilado, ein Rentner. So dürfen sich meine Kinder und Enkelkinder ein bisschen damit amüsieren und ab und zu auch ein bisschen ärgern. Aber das Geschäft funktioniert. Wir haben gute Mitarbeiter.

»Hier« bedeutet Buenos Aires?

Hier bedeutet der Betrieb auf der Ruta Nacional 3, Kilometer 41. Da haben wir die Eierproduktion. Die Farm für die Aufzucht ist bei Kilometer 47. Die Kinder und Enkelkinder sind ziemlich begeistert dabei. Meine beiden Töchter Marion und Susi haben je drei Söhne. Marion und Susi waren auf der Pestalozzischule. Marion hat heute eine leitende Funktion in der Pestalozzischule. Wir haben hier auch noch recht viel Umgang mit Personen, die deutscher Abstammung sind. Man hat immer versucht, die deutsche Kultur beizubehalten. Auch auf dem Land.

Es interessiert mich auch sehr, wie Sie Ihre
Schulzeit verbracht haben.

Der junge Rodolfo
in typischer
Gauchohose

Meine Schule war die Straße. Ich habe arbeiten müssen. Es gab sogenannte improvisaciones bei meiner Ausbildung. Auf kulturellem Gebiet gab es sehr wertvolle Menschen, wie Dr. Neumeier, Dr. Riegener, die sich um uns Jugendliche gekümmert haben. Es gab eine herrliche Bibliothek, es wurden auch kleine Theaterstücke aufgeführt, hauptsächlich auf Deutsch. Die Sprache wurde weiter behalten, ja, aber das argentinische Publikum war auch interessiert. Es gab eine sehr starke asimilación und die wurde weitestgehend für die Bildung der Jugend genutzt. Es herrschte ein angenehmes Klima zwischen allen Mitarbeitern, den Nachbarn, der ganzen Bevölkerung.

Auf eine Sekundärschule legten wir nicht so großen Wert, wir waren an der Landwirtschaft interessiert. Nach uns kam eine neue Generation, die andere Interessen hatte. Aber für meine Generation war die Landwirtschaft ausschlaggebend. In ihr sahen wir eine Zukunft.

Als wir nach Buenos Aires gingen, ist meine Mutter krank geworden. Sie war es nicht gewohnt, im departamento (Wohnung) zu leben. Damit sie sich besser fühlt, haben wir ihr ein Haus mit Garten gekauft. (Der Hund quietscht laut.) *Soll ich ihn rauslassen?*
Ja! (Zum Hund) Raus, verschwinde, los!
Ich mach schon, bleiben Sie ruhig sitzen.
Lass die Tür nebenan offen, bitte.
Ist offen.
Mach hier zu und fertig. Ja, er kontrolliert alles. Ja, man muss einen Extrakursus absolvieren, um mit diesen Türen fertig zu werden, aber man gewöhnt sich an alles.

Wenn ich es richtig verstehe, haben Sie in Ihren
ersten Jahren vorwiegend Deutsch gesprochen. Oder war
es Ihnen wichtig, schnell Spanisch zu sprechen?
Wenn ich in deutscher Gesellschaft war, habe ich Deutsch gesprochen und wenn ich in argentinischer Gesellschaft war, Spanisch. Die ältere Generation, meine Schwiegereltern oder meine Eltern haben Deutsch gesprochen. Aber in Anwesenheit anderer Menschen, wir hatten meist argentinisches Personal,

war es eine Selbstverständlichkeit, die Sprache zu sprechen, die von allen beherrscht wurde.

Hat nach dem Krieg Ihre Mutter jemals
wieder darüber nachgedacht, nach Deutschland
zurückzukehren?

Nie. Meine Mutter hatte zwei Brüder in Nordamerika. Sigmund Heine hat mit sehr viel Energie eine Existenz in Köln aufgebaut. Er hatte ein großes Möbelgeschäft und lebte mit einer Christin zusammen. Dann hat der Bruder dieser Frau eine Anzeige wegen Rassenschande erstattet. Bei Nacht und Nebel musste Sigmund Heine verschwinden. Er hat alles stehen und liegen lassen und ist ausgewandert. Zuerst ging er für kurze Zeit nach Österreich und hat dort eine neue Frau kennengelernt. Sie sind zusammen nach Nordamerika gegangen, um in Chicago eine Existenz aufzubauen, was gelungen ist. Aber er ist dann sehr jung gestorben. Der andere Bruder meiner Mutter, Julius Heine, ist nach Kanada ausgewandert und hat dort eine Existenz aufgebaut. Dann ist er mit seiner Familie nach Nordamerika gezogen. Dort leben noch heute Cousins von mir, mit denen ich in Kontakt stehe.

Haben Sie selber darüber nachgedacht,
wieder nach Deutschland oder Europa zu gehen?

Tja, ich war dort. Meine Tochter Marion war mit ihrem Mann ein Jahr in Israel in einem Kibbuz tätig. Da haben wir Israel bereist und die Kinder und gute Freunde besucht. Israel hat uns sehr gefallen und wir haben gesehen, dass man mit Fleiß und Ausdauer viel leisten kann, woran wir nie gezweifelt hatten. Da ein Kibbuz auch auf Landwirtschaft basiert, wollten wir prüfen, welche wirtschaftlichen Chancen sich für uns dort ergeben könnten. Aber es schien mir nicht einfach, sich zu integrieren. Es gibt Menschen, die sich wohlfühlen, wenn andere Leute die Entscheidungen für sie treffen. Aber in unserem Alter und immer selbstständig gewesen, haben wir es vorgezogen, unserer Tätigkeit hier weiter nachzugehen.

Außerdem hatte ich eine ziemliche Position in der Industrie. Als wir die Ländereien in Entre Ríos verkauft haben, konnten wir hier Land erwerben, um die Geflügelzucht und die Herstellung von Futtermittel aufzubauen. Mit den altos y bajos (Höhen und Tiefen), die es in sämtlichen Geschäften gibt, ist das gelungen. Wir interessierten uns für bestimmte Maschinen, die es in Holland gab. Also schauten wir uns dort ein bisschen um. Wir sahen uns im Jahr 1980 eine landwirtschaftliche Ausstellung in Hannover an und besuchten auch frühere Nachbarn. Aber dann ging es wieder zurück nach Argentinien.

Wir sind hier aufgenommen worden wie jeder andere. Ich habe nie etwas Nachteiliges erlebt, von keiner Behörde, von keinem Mitarbeiter. Bei keiner Person habe ich jemals Antisemitismus gespürt. Ich hatte das gleiche Recht wie jeder andere Mitbürger. Das Land Argentinien ist großartig und hat große recursos (Ressourcen). Ab und zu machen wir Fehler mit unserer Regierung, aber auch das geht vorüber. Solche Irrtümer kommen in den besten Familien vor.

Was ging in Ihnen und vielleicht auch in Ihrer Mutter vor, als nach dem Krieg die ganzen Nazis nach Argentinien kamen?
Es wurde wenig darüber gesprochen und war für uns uninteressant, denn das Land ist sehr groß. Die Nazis haben ja auch versucht, desapercibido zu sein (nicht aufzufallen). Und General Perón, der sie hereingeholt hat, war so raffiniert, sich nicht mit den verschiedenen Religionen anzulegen, und hat immer versucht, auch bei der jüdischen Bevölkerung gut Wetter zu machen. Es gab keine Verfolgungen. Es gab nur kleine incidentes (Zwischenfälle), die überall geschehen können. Wir haben nie darunter zu leiden gehabt. Wir hatten dieselben Pflichten und dieselben Möglichkeiten wie jeder andere Bürger.
Alles, was Sie erzählen, klingt so, als ob Argentinien in der Tat Ihre Heimat geworden wäre.
Ja, es gab auch keine andere Möglichkeit. Wir sind mit nichts angekommen. Unser Gepäck ist im Freihafen von Hamburg geblieben und bis heute nicht angekommen. Ich bezweifle, dass es noch kommen wird. Man hat uns mitgeteilt, dass es ausgebombt worden wäre.
Haben Sie einen deutschen oder einen argentinischen Pass?

69

Ich habe einen deutschen Pass und die deutsche Staatsangehörigkeit. Ich habe die Einbürgerungsurkunde und eine
Geburtsurkunde, die schon ein bisschen vergilbt
und veraltet ist. Versteht sich, ich bin ja auch nicht jünger
geworden.

Den deutschen Pass habe ich aktualisiert und dafür muss
man die Einbürgerungsurkunde haben. Denn uns wurde
damals, als wir auswanderten, die Staatsangehörigkeit ab-
erkannt. Ich weiß nicht weshalb. Weil wir Juden waren,
wahrscheinlich.

Ich hoffe, dass es nie wieder zu so einem Verbrechen
kommt, wie es stattgefunden hat. Gerade heute, wo so viele
Personen, die politische, religiöse Schwierigkeiten oder Exis-
tenzprobleme haben, versuchen, in Europa unterzukommen.

Algo fresquito? Trinkst du Coca oder etwas anderes?
Das Mädchen hat auch Apfelkuchen gebacken.
Nur Wasser, bitte.
Muy barato (sehr billig). Gracias, Marcela. – Das Mädchen
ist sehr ordentlich. Sie hat sich auch sehr gut um meine Frau
gekümmert, die im Mai 2008 an den Folgen eines Schlag-
anfalls gestorben ist.

Was Ihre Hühnerzucht und Eierproduktion angeht, sind das Massenbetriebe?
Ja.
In Deutschland gibt es eine große Diskussion um Bio ...
Ja, ja. Diese Diskussion hat hier noch nicht angefangen. Wir lassen erst einmal die Europäer diskutieren, danach machen wir, was wirtschaftlich sinnvoll ist, und danach wollen wir es der fuerza mayor überlassen, was geschehen soll.

Die Hauptsache ist, dass man seinen Verpflichtungen nachkommt und gegenüber dem Personal fair ist. Wir haben viele Mitarbeiter, die jahrelang bei uns sind. Es gehört sich, dass wir uns um sie kümmern. Außerdem haben wir das Land bewirtschaftet und Bäume gepflanzt. Wir haben etwas geleistet. Ich will nicht sagen »viel«, aber für unsere Begriffe ziemlich viel.

Lesen Sie? Bücher, Zeitungen?
Ich lese das *Argentinische Tageblatt* und auch Berichte aus anderen Zeitungen, über alles, was sich in Europa und hier abspielt. Wir sind natürlich auf argentinische Nachrichten angewiesen. Aber im Television gibt es ja keine großen Geheimnisse. Man hört auch die Nachrichten aus Nordamerika. Alles, was einen interessiert, kann man hören.

Ich lese ziemlich viel auf Deutsch, hauptsächlich Bücher über Ökonomie. Ich habe auch viele amerikanische Autoren gelesen, über die Korruption in der ganzen Welt. Es gibt ja nicht nur Engel. Es gibt auch Menschen, die sich, sagen wir mal, auf eine schnelle Art bereichern wollen. Das ist eine Schwäche der Menschen. Von den argentinischen Autoren interessierte mich besonders Aguinis. Von den jetzigen Autoren bekomme ich nicht mehr viel mit. Früher war ich auch mehr im Theater und im Kino. Aber ich bin 87 Jahre alt. Da ist man nicht mehr so übermütig wie mit fünfzig oder sechzig.

Hören Sie gerne Musik?
Ja. *Die Fledermaus, Die lustige Witwe*. In der Kolonie hat eine Theatergruppe auch *Das weiße Rössl* und *Das Dreimädelhaus* mit großem Erfolg aufgeführt. Es gab ein sehr aktives kulturelles Leben. Es wurde a pesar de todo, trotz allem was geschehen

war, die deutsche Kultur beibehalten. Eigenartigerweise. Aber damals hat man sehr darauf geachtet, das ist eine Tatsache. Sei es von der hiesigen Bevölkerung, die größtenteils katholisch war, oder von der jüdischen Bevölkerung, die eine kleine Minorität darstellte. Jetzt gibt es sehr viele Veränderungen. Man spricht nicht mehr von verschiedenen »Rassen«. Einer meiner Enkelsöhne ist zum Beispiel mit einem katholischen Mädel verheiratet. Sie führen eine ausgezeichnete Ehe.

Der jetzige Papst, der in Argentinien einen großen Einfluss hatte, tat alles Mögliche, um Zwistigkeiten zwischen den Religionen zu überbrücken und um eine convivencia (Zusammenleben) zwischen Mohammedanern, Juden, Christen und anderen Menschen zu fördern. Das ist sehr anzuerkennen.

Es gibt hier einzelne kleine orthodoxe Gruppen und so »Rechts-Menschen«, ich weiß nicht, wie ich die nennen soll, die das aus irgendwelchen Gründen nicht wollen. Aber für die convivencias hat der jetzige Papst, damals noch Kardinal Bergoglio, viel getan. Er hat sich auch sehr für die arme Bevölkerung eingesetzt. Für die Menschen in den villas miserias (Elendsvierteln), in denen die arme Bevölkerung zusammengepfercht wird. Er hat sich sehr um verfolgte Menschen gekümmert. Ich habe ihn einmal persönlich gehört. Er war gut bekannt mit dem Rabbiner Abraham Skorka. In der Synagoge habe ich einen Vortrag von Kardinal Bergoglio gehört und den Eindruck bekommen, dass er ein ausgezeichneter Mensch ist und dass es viele Menschen gibt, die sich ihn zum Vorbild nehmen. Hoffentlich geschieht nie wieder, was damals geschehen ist.

Nachdem ich die Dokumente von Rodolfo angesehen und fotografiert habe, lädt er mich für einen anderen Tag zum Mittagessen ein. Er kündigt an, dass auch ein Enkel gerne dazukäme, der sein Deutsch aufbessern wolle.

Ist das für dich in Ordnung?
Natürlich.
Dann komm um 12 Uhr.

Als ich zu dem Mittagessen aufbreche, herrschen wieder Temperaturen um 40 Grad. Ich hoffe, dass es etwas Leichtes zu essen gibt.

Rodolfo begrüßt mich mit Marcela und seinem Enkel, der einen Rucksack mit dem Schriftzug der »Toten Hosen« auf dem Stuhl ablegt. Diese deutsche Punkband ist in Argentinien sehr beliebt. Sogar in Ushuaia, ganz unten in Feuerland, habe ich in einem Lokal Fotos dieser Band gesehen. Neben Fotos von Patty Smith.

Rodolfo sagt: »Meine Frau hat Marcela einige Rezepte beigebracht, die sie sehr gut zubereitet. Heute gibt es Gulasch mit Rotkohl und Knödeln. Ich weiß gar nicht mehr, ob das ein jüdisches oder ein deutsches Gericht ist.«

Der Enkel nimmt nur ein wenig Rotkohl. Das Fleisch und die Knödel sind ihm zu schwer. Ich beiße mich tapfer durch eine kleine Anstandsportion. Rodolfo grinst: »Wenn du das nächste Mal wiederkommst, lade ich dich abends in meine Lieblingsparrilla ein. Das magst Du lieber, oder?«

Mit Freuden sage ich zu. Um in Kontakt bleiben zu können, gibt mir der Enkel seine E-Mail-Adresse. Leider funktioniert sie nicht. Der Kontakt bricht ab.

Als ich Rodolfo im Februar 2020 anrufe, erinnert er sich sofort an mich und schlägt vor, dass ich zu einem Mittagessen komme. Er möchte auch seine Töchter dazubitten. Da er keine Internetverbindung hat, fahre ich einen Tag später zu seinem Haus, um das Transkript seines Gesprächs abzugeben. Er ist nicht da, aber Marcela putzt gerade den Hauseingang, begleitet von einem pechschwarzen Scottish Terrier, der mich aufgeregt anbellt. Ich frage sie, ob das der Hund von vor sechs Jahren sei. »No.« Benni sei gestorben. Das sei Otto. Sie sähen zwar gleich aus, hätten aber komplett unterschiedliche Charaktere. Benni sei immer nett gewesen, Otto sei manchmal sehr kompliziert mit Besuchern.

Ich frage Marcela, wie es Rodolfo geht, der inzwischen immerhin 93 Jahre alt ist. Es gehe ihm gut, er ginge jeden Tag seinen Geschäften nach und sei ein angenehmer und freundlicher Mensch, auch wenn er eine sehr andere Kultur habe als alle anderen Menschen, die sie kenne.

Am 4. März 2020 kommt das Treffen mit Rodolfo zustande. Rodolfo öffnet mir die Tür und sieht mein Fahrrad. »Du bist mit dem Fahrrad gekommen, bei dieser Hitze?« Ich bestätige. »Du willst es da draußen stehen lassen?« »Ja, ich habe es hier an den Zaun angekettet.« »Du glaubst, dass alle Menschen gut sind, soso. Eine erstaunliche Farbe.«

Da hat er recht. Das Fahrrad ist in Hellpink und Rosa lackiert. Otto saust um uns herum. »Lass das, Otto.« Aber Otto lässt es nicht. Es ist kaum möglich, dass ich Marcela einen Begrüßungskuss gebe. Marcela grinst und sagt, Otto habe sich wohl in mich verliebt. Als ich von Rodolfo gebeten werde, mich hinzusetzen, ist Otto sofort auf meinem Schoß oder hinter meinem Rücken und schleckt mir den Hals.

Rodolfo schlägt mir vor, dass wir zuerst die Arbeit machen, während das »Mädchen« das Essen zubereitet. Er bittet mich, beim Essen Spanisch zu reden, damit Marcela alles verstehen kann. (Das Mädchen Marcela ist ungefähr 65 Jahre alt.)

Wir besprechen die Korrekturen. »Das ist alles ganz richtig so, wie du es geschrieben hast.« Ich frage ihn, ob er bei der Gedenkfeier in Ahlem gewesen sei, zu der er eingeladen wurde. »No.«

Im Laufe des Gesprächs stellt er fest, dass zurzeit eine »gewisse Aggressivität« in der Welt herrsche. Allerdings habe ein »ausgesprochener Frieden« auch noch nie existiert. Das werde sich hoffentlich alles bald wieder beruhigen.

Marcela tischt auf. Verschiedene Salate, Reis und vier wunderschöne lomos, argentinische Lendensteaks.
Wir essen das Fleisch gerne ein bisschen blutig. Ich hoffe, das ist Dir recht.
Oh ja, sehr.
Marcela entschuldigt sich, dass sie die lomos wegen mir ein wenig länger als sonst gegrillt habe. Das Fleisch ist köstlich, butterzart.
Rodolfo sagt, dass er seiner Tochter Marion aufgetragen habe, mich mit dem Auto nach Hause zu fahren. Aber vermutlich

Rodolfo und Marcela

wolle ich mit dem Fahrrad fahren? Er selber habe keinen
Führerschein mehr. Wegen dieser »scheußlichen« Zeichnungen,
die er für einen Fahrtest machen musste. Er konnte noch
nie gut zeichnen, aber die seien ihm komplett missglückt.
So würden sich nun die Enkel freuen, mit seinem Toyota herumfahren zu können. Dann fällt ihm ein, dass er mich vor
sechs Jahren nach dem Gespräch irgendwohin gefahren hat.
Stimmt! Das hatte ich total vergessen. Rodolfo hatte mich
als 87-Jähriger zu einer U-Bahn-Station gefahren. Ich hatte
versucht, so entspannt wie möglich neben ihm zu wirken.
    Nach dem Essen gibt es noch eine Eistorte und einen
cafecito. Danach bitte ich, kurz in den Patio gehen zu können,
um eine Zigarette zu rauchen.

Ja, die muss jetzt sein. Ich war früher auch ein starker Raucher,
grinst Rodolfo. Du kannst gerne auch hier drinnen rauchen.
Nein, nein.
Otto folgt mir in den Patio, Marcela bringt einen Aschenbecher,
ich rauche und bewundere die Rosen. Als ich zurück ins
Haus gehe, klingelt es an der Tür. Marion. Sie begrüßt mich

mit dem Kuss auf die rechte Wange, wie es in Argentinien üblich ist, und drückt mir eine Aluminiumblume als Geschenk in die Hand.

Wir sprechen auf Spanisch miteinander. Ich frage sie, ob sie früher auf Deutsch oder Spanisch miteinander gesprochen hätten. Sie antwortet: »Meine Eltern haben Deutsch geredet, wir haben auf Spanisch geantwortet.«

»Ich bin ja immer noch ein bisschen ein Gringo, obwohl ich schon mit dreizehn gekommen bin und so viele Kilometer auf dem Buckel habe«, sagt Rodolfo. »Luis Trenker! *Der Kampf ums Matterhorn*! Diesen Film habe ich noch in Deutschland im Kino gesehen. Er hat mich sehr beeindruckt.«

Im Laufe des Gesprächs erzähle ich, dass mein Vater mit seinen Eltern aus Ostpreußen fliehen musste und in Schleswig-Holstein gelandet sei.

»In Schleswig-Holstein gibt es die besten Milchkühe«, sagt Rodolfo. Und dann: »Schleswig-Holstein, meerumschlungen, handelt nur mit Ochsenzungen, vun Herrn Pastor sien Kauh. – Ha, da kommen die Erinnerungen!«

Ich habe von diesem Lied noch nie gehört. Es ist ein altes plattdeutsches Lied. Es lebt, mitten in Buenos Aires. Marion und ich wollen uns unbedingt noch einmal treffen. Aber dann kommt Corona dazwischen und ich muss Argentinien überstürzt verlassen.

*Maurice de Hirsch (geboren am 9.12.1831 in München, gestorben am 21.4.1896 bei Ersek Uvar in Ungarn) wird im Wikipedia-Artikel als »Unternehmer« und »Philantrop« beschrieben. Sein Vermögen vergrößerte er durch das Eisenbahngeschäft. Auch die erste Bahnverbindung zwischen Europa und Konstantinopel, die Strecke des späteren Orientexpress, geht auf ihn zurück. Er bekam das Elend der Juden in der Türkei und im Balkan hautnah mit. Angespornt von seiner Frau Clara beschloss er zu helfen. Ebenso fühlte er sich verpflichtet, den russischen Juden zu helfen, und wollte Schulen und Bildungsstätten für sie einrichten. Da seine Pläne an der russischen Regierung scheiterten, kaufte er in Südamerika und Nordamerika Land, damit die russischen Juden die Möglichkeit hätten, landwirtschaftlich zu arbeiten und eine Ausbildung zu erhalten. Die größten Flächen kaufte er in Argentinien, in Entre Ríos. 1889 wurden dort die ersten Kolonien und Bauerndörfer für russische Juden gegründet. 1891 gründete er die ICA (Jewish Colonization Association), um die Auswanderungen zu organisieren. Dem Zionismus fühlte sich Hirsch nie zugehörig und lehnte Angebote dahingehend ab. Nach seinem Tod wurde die Fundación Hirsch weitergeführt. Für die deutsch-jüdischen Flüchtlinge wurden bis 1935 neue Kolonien gegründet, hauptsächlich in Avigdor, wo auch Rodolfo Leeser mit seiner Familie lebte. Ungefähr vier bis fünf Prozent der deutsch-jüdischen Flüchtlinge sind dort angesiedelt worden, also ungefähr 3000 Familien, schreibt Anne Saint Sauveur-Henn in ihrem Bericht *Landwirtschaftliche Kolonien deutsch-jüdischer Emigranten in Argentinien.*

HITZE IN BUENOS AIRES

Die Bombonera gehört zu den berühmtesten Fußballstadien
der Welt. Sie steht mitten in La Boca, dem alten Hafenviertel,
in dem die frühen Einwanderer nach den wochenlangen
Fahrten über die Weltmeere ankamen. Unter ihnen viele
Italiener, die Arbeit suchten. La Boca ist die Geburtsstätte des
Tangos und war die Wirkungsstätte von Diego Maradona.
Er und seine »Boca Juniors« haben die Bombonera zum
Mythos gemacht.

Als Tourist kann man das gelb-blaue Stadion gefahrlos
von außen ansehen. Möchte man nur eine Straße weiter
schlendern, kommen sofort Wachleute und bitten einen höflich
zur Umkehr. La Boca ist wegen des Tangos, Maradona und
der Bombonera einerseits ein Touristenmagnet, andererseits
gibt es als *muy picante*. Sehr gefährlich. Sehr gefährlich sind
auch die Stadionbesuche. Für Touristen werden Karten in
geführten Gruppen angeboten, die vor Taschendiebstählen
und Übergriffen schützen sollen. Gewalt ist vorprogrammiert.
Wehe, ein Zuschauer steht in der falschen Fankurve. Besonders
aggressiv wird die Stimmung, wenn »Boca Junior« gegen
»River Plata«, die zweite große Mannschaft von Buenos Aires
spielt. Ich interessiere mich zwar nicht für Fußball, aber ein
Match in diesem Stadion zwischen den beiden Erzrivalen reizt
mich. Viel zu spät kümmere ich mich um eine Karte. Das
Spiel ist seit Monaten ausverkauft.

In einer Bar nehme ich weit hinten Platz, um das Spiel
über den Flatscreen zu verfolgen. Die Stimmung in der Bar
brodelt, im Stadion kocht sie. Die Stimme des Moderators
überschlägt sich bei jeder Silbe. Er brüllt so schnell, dass ich
kein Wort verstehe, obwohl ich inzwischen recht ordentlich
Spanisch spreche. Plötzlich aber zucke ich zusammen. In aller
Klarheit brüllt der Moderator »en Abseits«. Mehrere Male
hintereinander, Irrtum ausgeschlossen. Die Argentinier

Der alte Hafen La Boca

verwenden den deutschen Fachbegriff für diese ärgerliche Stellung einer angreifenden Mannschaft. »Boca Junior« unterliegt bei dieser Partie in seinem Heimstadion. Ich bin ganz froh, jetzt nicht in der Bombonera zu sein.

Im Frühling und Sommer klettern in Buenos Aires die Temperaturen häufig über 35 Grad. Nicht selten übersteigen sie auch die 40-Grad-Schwelle. Gepaart mit der hohen Luftfeuchtigkeit und dem Smog der ständig verstopften Avenidas und Straßen wird jede Bewegung zu einer Herausforderung. Einer verendenden Schmeißfliege gleich torkele ich wie alle anderen Passanten von einem Schattenfleck zum anderen, wenn sich ein Gang nicht unbedingt vermeiden lässt.

An Wochenenden, zumal an langen Wochenenden mit einem religiösen oder staatlichen Feiertag, von denen es überraschend viele gibt, ist die Stadt in der Hitzeperiode wie leergefegt. Jeder, der nur irgend kann, flieht aufs Land oder ans Meer.

Meine Besucher und ich rattern in einem Vorstadtzug an Elendsvierteln vorbei in den Norden von Buenos Aires. In dem kleinen Städtchen Tigre gehen wir an Bord eines Schiffes, um

Maroder Pfahlbau im Tigre Delta

auf den weit verzweigten Flussläufen durch das Dschungel-
gebiet Tigre Delta zu schippern. An den Ufern des braunen
Wassers stehen zwischen überbordenden Bäumen Steinruinen
aus besseren Zeiten und kleine Landhäuschen, die auf hohen
Pfählen gebaut sind, zum Schutz vor der Überflutung, die pro
Jahr dreimal mindestens garantiert sei.

Der Spaziergang durch die üppige Pflanzenwelt, das Garten-
lokal – ein wohltuendes Labsal nach der Stadthitze. Wir eilen
zur Anlegestelle, um das Abendschiff für die Rückfahrt zu
erreichen. Das Schiff kommt nicht. Es kommen durchaus
Schiffe, aber sie halten nicht bei uns. Oder sie laden bei uns
Leute ab und fahren leer weiter oder wenden, oder ankern
in der Nähe. Inzwischen warten ungefähr dreißig Menschen.
Ein malerisches Gewitter ergießt sich über uns. Klatschnass
versuchen einige Leute, per Handy auf die Notsituation auf-
merksam zu machen. In zehn Minuten soll ein Boot eintreffen.
Es kommt auch eines, fährt aber schnöde an uns vorbei.
Wir malen uns bereits Horrorfilmszenarien aus, mit kleinen
Menschengruppen in einsamen Pampas und Zombies und
anderen Gruselfaktoren, als ein dickes, bleiches Paar auf

einer Yacht an uns vorbeigleitet. Die Yacht heißt »Alpen-Haus«. Frösteln trotz der schwülen Hitze. Nach drei Stunden hält endlich ein Schiff und nimmt uns mit, zurück in die normale Welt.

Später erfahre ich, dass sich eines der exklusivsten Wellness-Ressorts im Tigre Delta »Alpen-Haus« nennt. Ich werde es garantiert nie besuchen.

Sehr froh bin ich hingegen, dass ich mit meinem Besuch für die Weihnachtstage von einer großzügigen Freundin nach Uruguay in ihr Häuschen nahe Punta del Este eingeladen bin.

Gerade noch rechtzeitig kümmere ich mich um Tickets für die Fähre, die den Río de la Plata überquert. Weihnachten läutet den Beginn der großen Sommerferien ein. Der riesige *Buquebus* ist bis auf den letzten Platz gefüllt.

Der Río de la Plata

Warum der Río de la Plata auf der Höhe von Buenos Aires noch Río genannt wird, leuchtet nicht ein. Der Strom ist so breit, dass man das andere Ufer nicht sehen kann. Es ist aber so. Erst ab Montevideo wird der Río zum Meer erklärt.

Die Überfahrt dauert gut drei Stunden, dann geht es weiter mit dem Bus. Nach weiten, sanft hügeligen Landschaften und pittoresken Dörfchen bahnt sich Punta del Este mit einer

Hochhausskyline an. Punta del Este nennt sich stolz das »süd-
amerikanische Miami«. Zum Glück steht das Haus meiner
Freundin in einem Vorort, der noch von Hochhausburgen
verschont ist. Sie erklärt, dass ihr Haus vor dreißig Jahren
einsam in der Gegend herumstand. Um eine Ahnung von der
Weite der atlantischen Strände zu bekommen, schlägt sie uns
vor, für ein paar Tage höher in den Norden zu fahren.
Kurz vor der Grenze zu Brasilien hat sie ein weiteres winzig
kleines Ferienhäuschen an einem wilden Strand in einem
Naturressort.

Kilometer lang strahlend weißer Sand. Kein Mensch ist
zu sehen. Dazu der ständig brandende Atlantik. Der Drang,
in die Fluten zu springen, muss unterdrückt werden. Nur an
wenigen Stellen ist es möglich, sich von den Wellen durch-
wirbeln zu lassen, ohne von der Strömung ins offene Meer
gerissen zu werden.

Voller Freude nähere ich mich der ersten Robbe meines
Lebens in der freien Wildbahn. Die Freude endet jäh.
Die Robbe ist tot. Ich sehe noch viele verwesende Robben.
Große Wellen haben sie zu weit auf den Strand hinausge-
worfen. Die Robben haben es nicht mehr zurück ins Wasser
geschafft.

Das offene Haus meiner Freundin in Punta del Este bietet viele gesellschaftliche Abwechslungen. Auch meine Freundin ist häufig eingeladen und nimmt uns überall mit hin.

So auch in die große Villa einer sehr betagten Dame hoch oben auf einem Hügel. Sie bleibt lächelnd auf einem der Polstersofas sitzen, während wir mit offenem Mund ihren schönen Garten mit grünem Rasen und unzähligen Blumen bewundern – und den glitzernden Atlantik darunter.

Bei Kaffee und Kuchen im Salon macht es plötzlich »Kuckuck, Kuckuck«. Am Gang zur Küche hängt eine hölzerne Kuckucksuhr. Die Dame erzählt auf Spanisch. Als galizische Jüdin mit armenischen Wurzeln floh sie mit ihren Eltern durch das kriegsgebeutelte Österreich. Sie fand in den Ruinen diese Kuckucksuhr und schleppte sie gegen das Verbot ihrer Eltern auf der ganzen Flucht mit. Bis nach Uruguay. Jahre später fand sie in Montevideo einen Uhrmacher, der auf Kuckucksuhren spezialisiert war. Er reparierte sie. Seitdem kuckuckt sie zu jeder Stunde. Wie 48 weitere Kuckucksuhren in Uruguay.

MARION WEISS
und das Hebräisch

2. April 2014. Diskret, aber bestimmt werden wir von Marion Weiss aufgefordert, vor der Arbeit Kaffee zu trinken, den sie für uns nebst Keksen zubereitet hat. Erst dann dürfen wir die Kamera auspacken, das Licht installieren, das Mikrofon einrichten. Ich nehme neben der Kamera Platz und bitte Marion zu erzählen, wo und wann sie geboren wurde und ob sie noch Erinnerungen an ihre Kindheit in Deutschland hat.

Ich bin am 11. November 1926 in Dresden geboren. Mein Vater war Rudolf Reizes und meine Mama war Gertrud Geiringer, eine Wienerin, vierzehn Jahre jünger als mein Vater. Sie wurde von allen immer Gerty genannt.

An das Leben in Deutschland habe ich kaum noch Erinnerungen. Als meine Tochter Mónica etwas über das Leben meines Vaters erfahren wollte, hat sie im Internet die Namen unserer Familie eingegeben und gehofft, dass ihr jemand helfen kann. Es hat sich eine Dame gemeldet, die Überlebende aus Dresden suchte und sagte, den Namen Reizes könne sie in keinem dieser dicken Stadtbücher finden. Aber sie hat meinen Bruder und mich zusammen mit weiteren ehemaligen Dresdnern eingeladen zu kommen. Ein reizendes Ehepaar hat vorgeschlagen, mich dort überall hinzufahren, woran ich mich erinnere. Ich habe mich aber an nichts erinnert. Dresden wurde ja ausgebombt. Ich habe mich nur an die Heide erinnert, wo wir Beeren gepflückt und sie dann mit Sahne gegessen haben. Das ist meine einzige Erinnerung.

Meine Mutter war eine bildschöne Frau und mein Vater, der schon verschiedene Beziehungen gehabt hatte und sechsunddreißig Jahre alt war, dachte sich, jetzt sollte er heiraten. Er hat meine Mutter geheiratet, und ein Jahr später bin ich zur Welt gekommen. Mein Bruder kam zwei Jahre später.

Leider ist Hans vor vier Jahren gestorben. Die Zeit rast. Mein Vater hatte in Dresden eine Neunzimmerwohnung gemietet, in der wir lebten und auch sein Büro war. Er war Getreidekaufmann.

Meine Mutter war Lehrerin, aber sie hat in Deutschland nicht gearbeitet. Mein Vater verdiente gut, und sie kümmerte sich um uns. Meine Mutter fing erst an zu arbeiten, als wir in Palästina waren.

Familie Reizes in Dresden

Wann ist in Ihrer Familie das erste Mal der Gedanke an eine Auswanderung aufgekommen?
Das werde ich Ihnen sagen, sogar vorlesen. Das hat meine Mutter so gut beschrieben. (liest) »Unsere Auswanderung begann relativ früh, Ende März 1933, drei Monate nach der Machtergreifung. Zunächst fuhr ich mit den Kindern nach Wien zu meiner Mutter.«

Ja, warum? Wir haben Ferien in Marienbad gemacht und da hat Tante Paula, die Schwester meines Vaters, angerufen und gesagt: Ihr könnt nicht zurück! Hausdurchsuchung im Büro! Eine Angestellte hatte meinen Vater angezeigt, wegen eines Briefes aus der Schweiz. Also konnten wir nicht zurück. Da sind wir in unseren Sommersachen zuerst nach Wien zu meinen Großeltern. Mein Großvater war ein großartiger Mensch und ein phantastischer Arzt. Von armen Patienten hat er nie etwas verlangt. Auch die Hausversorgerin wurde immer gratis von ihm behandelt. Er ist an einer Lungenentzündung gestorben, die er sich im Spital geholt hat. Nach der Machtübernahme wurde meine Großmutter von den Leuten auf einmal ganz gemein behandelt. (liest weiter) »Rudolf folgte einige Tage später, um dem 1. April, dem Judenboykott-Tag, zu entgehen. Die Monate verbrachten wir teils in Wien, teils in Marienbad ...« (Telefonklingeln, Telefonat) Das war meine Tochter, die sagt, dass die Lufthansa streikt. Deshalb könne ein Herr am Sonnabend nicht den Vortrag in der Pestalozzischule halten. Tja. (liest weiter) »Bei einer schon damals üblichen Durchsuchung jüdischer Geschäftsbetriebe wurde ein Brief gefunden von einem Schweizer Reisebüro, der eigentlich unbedeutend war, aber sofort als Beweis einer Kapitalflucht diente.« Man durfte ja kein Geld außer Landes bringen.

Da kann ich eine Anekdote erzählen. Als wir noch in Deutschland waren und es schon gar nicht mehr gut aussah, wollte meine Mutter ein bisschen Geld rausbringen. Also hat sie Geldscheine in eine Torte eingebacken. Mit dieser Torte ist sie mit dem Zug zu einem Freund nach Paris gefahren. Die Scheine waren dann etwas braun, aber der Freund hat mit ihnen ein Konto in der Schweiz eröffnet. Das zweite Mal ist sie mit meinem Lieblingsteddy gereist. Dem Teddy wurde der Bauch aufgeschlitzt, die Geldscheine wurden hineingelegt und der Bauch wieder zugenäht. Ich habe überhaupt nicht begriffen, was mit meinem Teddy los war. Es kam mir sehr komisch vor, dass er eine Operation hatte. So hat meine Mutter zweimal etwas Geld rausgebracht, um in Palästina ein Einreisevisum zu bekommen, denn seit dem Ersten Weltkrieg stand Palästina unter englischem Mandat.

Tel Aviv war eine Stadt mit 200 000 Einwohnern, aber es gab immer Unruhen. Schon damals war der Mufti von Jerusalem ganz verliebt in Hitler und versprach ihm, dass er alle Juden dort umbringen würde. Deswegen hatte mein Vater große Angst. Wir waren dann aber fünf Jahre in Palästina. *Sie sind also von Wien nach Palästina?*

Nein, nicht direkt. Erst waren wir in Italien. Bei dieser Dame, die hundert Jahre alt wurde. Sie hatte in Meran eine kleine Pension. Meine Eltern sind dann in ganz Europa herumgefahren, um zu sehen, wo man leben und arbeiten könnte. In Prag hat mein Vater einen Nervenzusammenbruch erlitten, weil er nicht mehr zurückkonnte. Er hat Dresden geliebt, vor allem die schöne Landschaft. Nachher in Tel Aviv, die Wüste, das war ganz grauenvoll für ihn. Mein Vater wollte sich in Prag das Leben nehmen. Meine Mutter fand einen Revolver bei ihm und internierte ihn in der Tschechoslowakei. Wir wurden in Italien in ein Kinderheim gesteckt. Ich kann mich noch gut erinnern, wie ich dort Polenta mit Tintenfisch essen musste und wie furchtbar mich diese schwarze Sauce und diese feste Polenta gegraust hat. Heute würde ich das ja gerne essen, aber es macht dick. Damals war es einfach nur schrecklich.

Dieses ganze Kinderheim war schrecklich. Es war ein deutsches Kinderheim, weil wir ja keine andere Sprache konnten. Obwohl wir nach eineinhalb Jahren Schule perfekt Italienisch gesprochen haben. Wir haben auch all diese schönen Lieder gelernt »Mussolini, il duce sempre ...« Ich bin sehr schnell gelaufen. Die Lehrerin hat mir gesagt, leider bist du eine Ausländerin, sonst würdest du eine bambola – eine Puppe – bekommen für gute Leistungen. Ja, so war das.

Mein Vater ist dann mit meiner Mutter nach Palästina gefahren. Sein Bruder, der früher in Wien gelebt hatte, war Zionist und hat gesagt: »Es gibt nur ein Land, wo du normal leben kannst, und das ist Palästina.« Da hat mein Vater die Visa beantragt. Er musste dafür soundso viel Pfund hinterlegen, um zu beweisen, kein Bettler zu sein. Meinem Vater hat Palästina gar nicht gefallen, aber meiner Mutter sehr. Sie hat eine kleine Wohnung genommen und zu meinem Vater gesagt: »Nun hol die Kinder.« So kam mein Vater nach Meran zurück. Er hat ein kleines Häuschen gemietet und ist mit uns spazieren gegangen. Er hat auch ein Kinderfräulein und ein Dienstmädchen eingestellt und sich sehr wohl gefühlt. Dann hat er meiner Mutter telegrafiert, sie solle die Wohnung abgeben und nach Italien kommen.

Er wolle nicht auswandern, sondern nach Deutschland zurückkehren. Seine Freunde und ehemaligen Mitarbeiter hätten gesagt, dieser Hitler und das alles sei ganz provisorisch und werde nicht lange dauern, komm zurück. Meine Mutter hat aber gesagt: Das kommt nicht infrage. (Marion liest aus Gertys Bericht.) »… Zu unser aller Glück weigerte ich mich energisch, worauf R. mir keinerlei Geldsendungen mehr zukommen ließ. Es war eine sehr schwierige Lage für mich. Aber mit Hilfe von guten Freunden konnte ich mich ganz gut durchbringen. Ich habe damals jede Art von Arbeit angenommen, besonders durch meine Sprachkenntnisse. Ich hatte mein Studium in Englisch und Französisch, was aber nicht genügend war, um mich selbstständig zu erhalten. So habe ich als Hausschneiderin recht gut gearbeitet, und außerdem durch Vermietung eines Zimmers recht gute Einkünfte erzielt. Nach circa zehn Monaten hatte ich genug gespart, um nach Europa zu fahren …«

Dann sind wir 1935 zu viert nach Tel Aviv gefahren. Wir konnten kein Wort Hebräisch. Das ist eine Sprache, die man nicht so einfach lernt. Aber Kinder, wenn sie nicht behindert sind, lernen alles in drei Monaten. Wir haben die Sprache perfekt gelernt und uns sehr wohl gefühlt. Ich habe mich sehr mit Leah Schlossberg angefreundet, die später Jitzchak Rabin geheiratet hat.*

1939 brach der Krieg aus und es gab irgendwelche Probleme in Afrika. Mein Vater sagte, jetzt kommen die Nazis und bringen uns alle um. Da ist er nach Syrien gegangen, wo es ein amerikanisches und ein argentinisches Konsulat gab. Mein Vater wollte nach Nordamerika. Nordamerika hatte aber Quoten festgelegt – das war auch nicht sehr fein von dem Herrn Roosevelt. Aber auf dem argentinischen Konsulat hat mein Vater sofort das Visum bekommen, weil er Getreidekaufmann war.

Nur meine Großmutter, bei der wir in Wien gewohnt hatten, durfte nicht mitkommen. 1939, im letzten Moment, konnten meine Eltern sie nach Palästina holen. Es war schlimm für sie, Wien zu verlassen. Sehr schlimm war für sie auch, Papiere zu unterzeichnen, dass sie von nun an Sara hieß. Aber mit diesem Pass konnte sie nach Palästina kommen. Nach Argentinien durfte sie aber nicht, weil sie Glaucoma hatte. Glaucoma ist keine Infektionskrankheit, absolut nicht, aber nach Argentinien durfte kein Mensch aus dem cercano oriente einreisen, der etwas mit den Augen hatte. Also, meine Großmutter konnte nicht mit uns fahren, denn sie war halb blind. Meine Mutter musste sich entscheiden, ob sie mit uns nach Argentinien fährt oder bei ihrer Mutter bleibt. Sie hat meine Großmutter schließlich bei Bekannten in Tel Aviv untergebracht, die sich sehr gut um sie gekümmert haben. Nach dem Krieg konnte meine Großmutter zurück nach Wien. Ein paar Jahre später ist sie gestorben. Das war alles sehr schlimm für meine arme Mutter. Sehr schlimm.

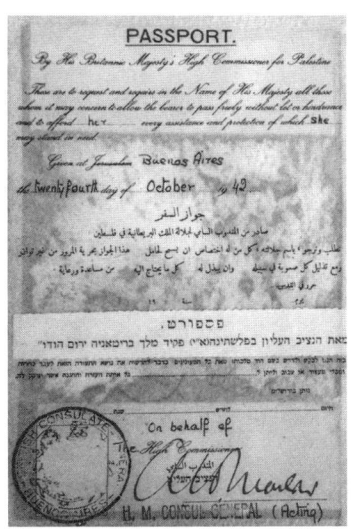 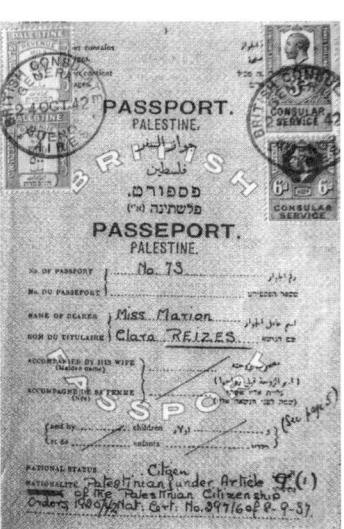

Unsere große Reise begann am 8. Oktober 1940 auf einem japanischen Cargo-Dampfer, sechs Wochen Meerreise. Nach Bagdad, Basra, Karachi, Hyderabad, Bombay, Madras, Colombo in Sri Lanka, das damals Ceylon hieß. Und in Ceylon mussten wir eine Woche auf das Schiff warten, das aus Japan kam.

Als unser Schiff, die Arabia Maru endlich eintraf, war es schon voll. Mit all den armen Menschen, die durch ganz

Europa geirrt waren, aber deren Schiff, die Brasil Maru, in Kobe nicht angekommen war. Sie mussten einen Monat warten, bis die Arabia Maru eintraf, und sind ins Zwischendeck verfrachtet worden, obwohl sie wahnsinnig viel Geld bezahlt hatten, um diese Reise zu machen. Es gab erste Klasse, zweite Klasse und das Zwischendeck. Wir hatten zweite Klasse. Das war eine große Kabine mit 35 Pritschen, oben eine, unten eine. Mein Bruder war oben, ich unten. Wir schliefen auf Säcken mit Spänen, schreckliches Zeug, und diese cucarachas – wie sagt man auf Deutsch?

Kakerlaken ...

... diese Kakerlaken fielen einfach so runter. Ich habe seither keine Angst mehr vor ihnen. In dieser Kabine mit den 35 Pritschen waren auch Indier, Indues, Leute aus Indien ...

Inder ...

Die Inder waren alle auf der Seite Deutschlands. Mit denen hat meine Mutter sich unterhalten. Es waren gescheite Inder, hauptsächlich Studenten. Meine Mutter wollte ihnen erklären, was die Nazis bedeuten, aber die waren so gegen diese Kolonialmacht England, dass sie einfach pro Deutschland waren.

Und dann ging die Fahrt los, entlang der ganzen Küste von Westafrika. Der erste Teil von Colombo bis Mombasa dauerte sieben Tage, und man bekam praktisch nichts zu essen. Mein Vater ist in Mombasa vom Schiff gegangen und hat Wurst, Eier, andere Sachen, die nicht verderben, eingekauft und den armen Leuten im Zwischendeck gegeben. Auch Brot hat er gekauft, Sojabrot, das damals scheußlich schmeckte. Aber die Leute waren glücklich.

Mein Bruder und ich fanden es auf dem Schiff großartig. Wir freundeten uns mit zwei japanischen Offizieren an, die kaum Englisch sprachen, und wir kein Japanisch, aber mit Händen und Füßen ging es. Ich habe verschiedene japanische Ausdrücke in mein Tagebuch aufgeschrieben. Meine Mutter und die anderen mussten sich die ganze Zeit übergeben. Ich habe mich komischerweise nie übergeben und war immer gut aufgelegt. Ich war etwas in den einen Offizier verliebt. Der war sehr schön und sah gar nicht japanisch aus.

Von Mombasa aus ging es weiter über Sansibar und all die Kolonialstädte. Lorenzo Marquez zum Beispiel war portugiesisch. Da sind wir ausgestiegen und haben uns den Schlangenpark angesehen. Das war sehr interessant. Daressalam und Durban waren englische Häfen. Dort hielten die Japaner nur ganz kurz an, weil sie große Angst hatten, dass der Krieg auch zwischen Amerika und Japan ausbrechen würde. In Durban erkrankte eine junge Japanerin schwer, die mit ihrem Bräutigam nach Südamerika wollte. Sie hatte wahnsinnige Schmerzen. Aber die Besatzung hatte Angst, dass alle in Quarantäne gehen müssten, wenn sie sie zu Ärzten an Land bringen. Sie haben sie einfach sterben lassen. Sie wurde dann aufgebahrt und ins Wasser gelassen. Wir standen alle dabei, haben gesungen und weiter ging es. Nur nicht hängenbleiben. Dann kam Port Elizabeth und schließlich Ciudad del Cabo, Kapstadt. Dort hatte die jüdische Kolonie schon von dem schrecklichen Zustand auf dem Schiff gehört, Essen gesammelt und uns an Bord gebracht. Meine Mutter hat aus den vielen Eiern ein Soufflé für alle gemacht.

Dann kam die lange Reise von Kapstadt bis Buenos Aires, vierzehn Tage ohne Unterbrechung. Bei der Äquatortaufe sollten wir uns alle verkleiden. Aber wir hatten ja keine Faschingskleidung dabei. So hat meine Mutter meinen Bruder mit meinen Kleidungsstücken als Mädchen verkleidet und ihn geschminkt. Ich war ein Gespenst mit einer weißen sábana … einem Bettlaken, genau. Am Tag vor der Ankunft hat der Kapitän uns zu einem großen Essen eingeladen. Huhn! Wir waren alle ganz begeistert. Dann kam das große Mittagessen – es sah aus wie Huhn! Wir haben reingestochen, es war steinhart. Dann sah ich aufs Meer. Da schwammen die Flügel von Möwen. Sie hatten Möwen getötet, um für uns ein Abschiedsessen zu kochen. Aber man konnte es nicht essen. Am 4. Dezember sind wir angekommen, halb verhungert.**

In Buenos Aires kam der Arzt an Bord und hat uns alle untersucht. Unten war ein Empfang von der Asociación Filantropica Israelita. Das waren deutsche Emigranten, die den Verband gegründet hatten, um uns Neuankömmlingen zu helfen. Für uns haben sie eine Pension in Belgrano besorgt. Dort haben sie für uns ein Omelett gemacht. Nie wieder hat mir etwas so geschmeckt wie dieses Omelett. Dazu gab es Schwarzbrot und Butter. Wir waren begeistert.

Dann sahen wir auf der Straße Arbeiter mit Asado und feinem Fleisch. Da hat mein Vater gesagt: »Gott, das ist ein Land, wo die Arbeiter auf der Straße ihr Fleisch braten können.« Das war der erste Eindruck.

Sonst lief es nicht gut. Mein Vater hat sofort einen Anfall von Tuberkulose bekommen und musste nach Córdoba in ein Sanatorium. Es war sehr wenig Geld da. In einem kleinen Ort, Agua de oro, haben sie ein Häuschen für meine Eltern gemietet. Wir Kinder kamen hier in die Pension Sulzberger. Der Mann war Lehrer an der Pestalozzischule und die Frau war eine unangenehme Person. Sie hat mir gesagt: »Was auf den Tisch kommt, wird gegessen.« Ich wollte aber nicht essen. Ich wollte nicht die Polenta essen, musste aber. Diese furchtbare Person hatte zwei Söhne, die bekamen am Freitag bife, also Fleisch. Wir bekamen Schupfnudeln mit Apfelmus, was ich heute sehr gern esse. Damals aber konnte ich es nicht herunterkriegen. Die Tränen rannen mir übers Gesicht, während die zwei Söhne ihr Fleisch bekamen. Ich musste da so lange sitzen, bis ich alles heruntergeschluckt hatte. Wenn ich daran denke, wird mir heute noch schlecht. Mein Bruder hat meiner Mutter nach Córdoba geschrieben: »Mami, man quält die Bambi. Sie muss alles essen.« Und diese Frau Sulzberger hat die Briefe geöffnet und zensiert und alles mit Rot unterstrichen und hinzugefügt: Es würde ihr sehr guttun, wenn sie isst, denn sie ist sehr mager. Meine Mutter hat gesagt: »Kinder, macht keine Geschichten!«

Gott sei Dank wurde die Pension ein Jahr später an einen Herrn Ostermann abgegeben. Er war Sozialist und deswegen von Deutschland nach Argentinien ausgewandert. Er war ein ganz anderer Mensch. Mit einer seiner Töchter habe ich mich eng angefreundet. Als meine Eltern eineinhalb, zwei Jahre später aus Córdoba zurückkamen, haben sie da auch zwei Zimmer gemietet, bis mein Vater eine kleine Wohnung in der (calle) El Cano 3500 nehmen konnte.

Zwei Schlafzimmer, ein Living. Mein Bruder hat das Schlafzimmer bekommen, ich schlief im Living auf dem Sofa.

Das war unter Perón. Perón hat das gemacht, was jetzt in Venezuela gemacht wird. Erst hat er die Mieten gedrückt, die schon niedrig waren, und hat gesagt, alle Mieten müssen um 15 Prozent sinken. Wem das nicht passt, der solle seine Wohnung verkaufen, und zwar zu einem Preis, der absolut nicht dem realen Wert entsprach. So konnte mein Vater die Wohnung für sehr wenig Geld kaufen.

Aber das Resultat von dieser Gesetzgebung war, dass nichts mehr gebaut wurde und es später keine Wohnungen zu mieten gab. Als ich geheiratet habe, gab es keine Wohnung zu mieten.

Ich wurde in der Schule ein Jahr zurückversetzt, in die sexto grado. Ich konnte ja kein Wort Spanisch. Ich konnte Wienerisch, Italienisch, Hebräisch. Aber Kinder lernen schnell. Für Italienisch hatte meine Mutter in Palästina einen jungen Lehrer gesucht, damit wir die Sprache nicht verlieren. Das war gut, denn je mehr Sprachen, desto besser. Der Lehrer war leider ein bisschen verrückt. Er wollte, dass meine Mutter ihn mit einer Peitsche schlägt und so. Da hat sie »nein danke« gesagt, also keine weiteren Italienisch-Stunden. Aber ich habe dann hier mit zweiundzwanzig in der Asociación Dante Alighieri den Abschluss in Italienisch gemacht.

Mein Bruder und ich mussten sehr früh arbeiten gehen. Mein Vater hat nie wieder gearbeitet, nachdem er Deutschland verlassen hatte. Zuerst hat er Tuberkulose bekommen, dann hat er versucht, über eine englische Firma etwas mit Getreide zu machen. Er hat sogar ein Geschäft gehabt, aber die Engländer haben ihm die Provision nicht bezahlt. Dann hat er es aufgegeben und zugesehen, wie meine Mutter Sprachen gelehrt hat. Englisch, Deutsch und Französisch.

Ich war ein Jahr in der Pestalozzischule, danach wäre ich gerne in die Lenguas Vivas gegangen. Die hatten nur wenige freie Plätze. Ich habe die Examina gemacht, Englisch und Mathematik und sonst alles war in Ordnung. Aber in Spanisch musste ich einen Aufsatz über José de San Martín schreiben.

Dafür konnte ich noch nicht genug Spanisch. Ich war dann auf einer kostenlosen Tagesschule, mit Lehrern, die ohne Gehalt gelehrt haben. Dort war ich zwei Jahre. Das war furchtbar. Es war ja mitten im Krieg und auf der Schule gab es viele antisemitische Lehrer. Ich war wieder die Beste in der Klasse. Die anderen Kinder wussten gar nicht, wie man lernt, die haben nur auswendig gelernt. Einmal hatte ich im Zeugnis nur Zehner, also die Bestnote. Da kamen aus vielen Klassen Schüler zu mir und fragten mich: »Vos sos judía?« »Si.« »Ah – con razon.« Ah, du bist Jüdin, das ist der Grund. Wir lernten auch Schreibmaschine schreiben, mit Schreibmaschinen, die so alt waren, dass man sich die Finger verletzt hat. Nach zwei Jahren hat mein Vater gesagt, mein Kind, jetzt gehst du in die Academia Pitman. In einem Jahr habe ich Schreibmaschine, Stenografie und das Schreiben englischer Briefe gelernt. Mit siebzehn habe ich angefangen, als Sekretärin zu arbeiten. Mein Bruder hat mit fünfzehn begonnen zu arbeiten. So haben wir uns durchgeschlagen. Später war ich bei einer holländischen Firma, in der der Chef sehr streng war. Wenn etwas nicht in Ordnung war, hat er gebrüllt: »María!« Ich hieß María. Als wir ankamen, stand in den Papieren natürlich Marion Clara Reizes. Aber der Aduana-Mensch, der Zollbeamte, hat gesagt, no, Marion existiert nicht, vamos a poner María. Der holländische Chef hat dann immer gerufen: »María, das musst du noch mal tippen!« Also, da habe ich arbeiten gelernt, meine Briefe waren dann perfekt.

Der Name war mir wurscht. Schon in Palästina hat man nicht Marion zu mir gesagt, sondern Miriam. Ich bin erst wieder umgetauft worden, als ich argentinische Staatsbürgerin wurde. Da habe ich aus Deutschland die Papiere kommen lassen, in denen ich Marion hieß. Und hier gab es Unterlagen mit María. Eine Anwältin, die ich bezahlen musste, hat nachgewiesen, dass María Clara Reizes und Marion Clara Reizes dieselbe Person sind. Solche verrückten Sachen sind passiert.

*Sie haben über die Pestalozzischule und die andere
Schule schnell Spanisch gelernt und Kontakt zu anderen
Kindern bekommen. Hatten Sie auch Kontakt mit
argentinischen Kindern?*
Sehr wenig. Das waren hauptsächlich Emigrantenkinder. Mit
einigen war ich gut befreundet. Ich war immer sehr gut in
der Schule, viele haben von mir abgeschrieben. Nur in Sport
war ich nicht gut, weil ich sehr klein und schwach war. Wir
mussten immer Völkerball spielen. Völkerball ist eine ekelhafte
Sache, wo man die anderen mit dem Ball abschlagen muss.
Ich bin immer gleich abgeschlagen worden, von den Mädchen, die viel stärker und größer waren. Die wollten mich
auch nicht in dem equipo – wie sagt man –
... *Mannschaft* ...
... in ihrer Mannschaft haben. Besonders ein Mädchen war
sehr schlimm. Und die habe ich dann später in einer meiner
Arbeitsstellen wiedergesehen.

Ich hatte privat noch Französisch gelernt und habe mich
von einem französischen Herrn als Sekretärin engagieren
lassen. Eines Tages kam dieses Mädchen, elegant angezo-
gen. Sie war seine Geliebte. Das war ihr sehr unangenehm,
als sie mich da sah. Ich habe sie aber sehr freundlich empfangen. Bueno. Dann habe ich eine gute Stellung bekommen,
bei einer Schweizer Firma, die einen israelischen Partner hatte.
Sie haben Zement an die argentinische Regierung verkauft.
Das war im Jahr 47. Schiffe mit Tausenden von Tonnen Zement aus Polen und Rumänien sind da gekommen. Ich musste
immer zum Hafen gehen und dolmetschen. Das war sehr
interessant. Ich war als Sekretärin mit meinen einundzwanzig
Jahren auch jeden Tag im Plaza Hotel. Das war fein. Leider
haben sie mich dort zum Rauchen verführt. Mit dem Zement
kamen auch die L&M Zigaretten. Erst 1984 habe ich es geschafft, mit dem Rauchen aufzuhören.

Über mein Interesse an der französischen Sprache habe ich
1949 auch meinen Mann kennengelernt. Ich war mit zwei
Freundinnen in Punta del Este (Uruguay) und sah einen jungen
Mann, der ein französisches Buch über Vincent van Gogh las.

Ich habe zu ihm herübergeschielt, er hat gleich gelächelt – er
war ein bildschöner Junge. Ich habe ihm gesagt, dass mich
das Buch interessiere, weil ich Französisch lerne. Wir haben
uns unterhalten. Er wohnte in Montevideo und holte uns immer
mit einem Jeep ab. Das waren wunderschöne Ferien. Zum
Abschied habe ich ihn gebeten, mir eine Liste mit französischen
Büchern zusammenzustellen, die ich lesen solle.
Er schrieb die Liste und gab mir die Adresse seines besten
Freundes, Luciano Weiss, mit dem er in Buenos Aires auf der
französischen Schule gewesen war.

Im selben Jahr waren meine Eltern in Bariloche und haben
ein Ehepaar kennengelernt. Sie vereinbarten, sich in Buenos
Aires mit der ganzen Familie zu treffen. Ich war ganz verblüfft, dass diese Familie auch Weiss hieß und in der gleichen
Straße wohnte wie der Luciano Weiss auf meinem Zettel.

Dann standen wir uns in der Wohnung gegenüber. Er hat
mir sofort in seinem Schlafzimmer die wunderbaren Bücher
gezeigt. Dabei hat er versehentlich eine Lampe umgeworfen.
Mein Vater und sein Vater riefen Marion, Luciano, wer von
euch hat die Lampe kaputt gemacht. Das hat uns schnell zu-
sammengebracht. Wir fingen an auszugehen in Museen und
Konzerte. Wir haben uns in einem Ruderclub eingetragen und
sind im Tigre Delta zusammen gerudert. Seinem Vater war
das gar nicht recht. Er glaubte, dass Luciano wegen mir das
Examen nicht bestehen würde. Aber Luciano hat das Examen
absolviert. Sein Vater war immer noch gegen mich. Er wollte
eine reiche französische Erbin für seinen Sohn, bei mir war
keine Mitgift zu erwarten. Aber seine Mutter hat Luciano
gefragt: Liebst du Marion? – Ja. – Dann wirst du sie heiraten.
So sind wir im Jahr 1949 von zwei Seiten, durch seinen
Freund und durch die Eltern, zusammengekommen. Es stand
in den Sternen geschrieben.

Es gab überhaupt keine Arbeit für Chemiker und niemand
wollte einen Anfänger nehmen. Das war schon die Misswirt-
schaft unter Perón. Schließlich wurde er Verkäufer für Chemie-
produkte. Das war schlimm, er musste immer laufen und
laufen. Manchmal hatte er Löcher in den Schuhsohlen. Das
erste Auto hatte er erst 1960, als schon unsere Töchter auf

der Welt waren. Gabriela wurde 1955 geboren und Mónica 1956. Mit achtundfünfzig Jahren ist mein Mann an Darmkrebs gestorben.

*War es Ihnen wichtig, dass das Deutsche
in Ihrer Familie weitergeht?*
Das war mir sehr wichtig. Die deutsche Kultur war mir sehr wichtig, und da war Herr Dr. Siemsen, der in der Pestalozzi-schule die Deutschstunde geleitet hat. Der hat uns in Goethe, Heine, in die Poesie eingeführt. Ich habe das alles in mich hineingeschlungen.
Warum war Ihnen das so wichtig?
Es hat mir gefallen. Außerdem habe ich über meinen Vater verstanden, wie das bei einer Emigration ist, wenn man alles verliert. Er hat uns schon in Palästina in einer deutschen Bibliothek eingeschrieben. Wir mussten auch Diktate auf Deutsch schreiben. Das haben mein Bruder und ich gehasst, aber unser Vater hat es durchgesetzt. Dadurch habe ich eine ordentliche Orthografie gelernt. Ich danke meinem Vater sehr, dass er sich dafür die Energie genommen hat. Und darum habe ich meine deutsche Sprache immer gern behalten und wollte, dass meine Kinder das auch tun. Auch bei meinen Enkeln wollte ich das weiterführen. Ich habe Bücher gekauft. Il Mago, Harry Potter. Alle Harry-Potter-Bücher stehen hier auf Deutsch herum. Aus denen habe ich ihnen am Abend vorgelesen.

In Palästina habe ich angefangen zu lesen, deutsche und hebräische Bücher. Ich kann mich noch erinnern, *Robin Hood* und solche Sachen auf Hebräisch gelesen zu haben. Ich habe sehr gern gelesen, es gab ja nichts anderes, es gab kein Television. Manchmal gingen meine Mutter und mein Vater am Abend aus und wenn sie zurückkamen, lag ich immer noch mit einem Buch auf dem Bett. Mit meinen Eltern sprachen wir immer Deutsch, sie konnten kein Hebräisch. Meine Mutter, die sehr sprachbegabt war, hat aber genug gelernt, um Ein-käufe zu machen. Mein Bruder und ich, wir sprachen perfekt Hebräisch. Leider habe ich das Hebräisch verloren, obwohl ich es so gut konnte. Ich habe Preise für ausgezeichnete

Leistungen bekommen und sogar ein Gedicht auf Hebräisch geschrieben. Ein Gedicht über die Juden, die alle nach Palästina kommen müssten, denn das sei unser Land usw. Das hat meine Mutter einem Journalisten gezeigt, der hat es veröffentlicht. Aber das Gedicht ist verschwunden, ich weiß nicht, wo es ist.

Ich könnte es auch gar nicht mehr lesen. Auch mein Tagebuch, das ich ab unserer Emigration aus Palästina auf Hebräisch geschrieben habe, kann ich nicht mehr lesen.

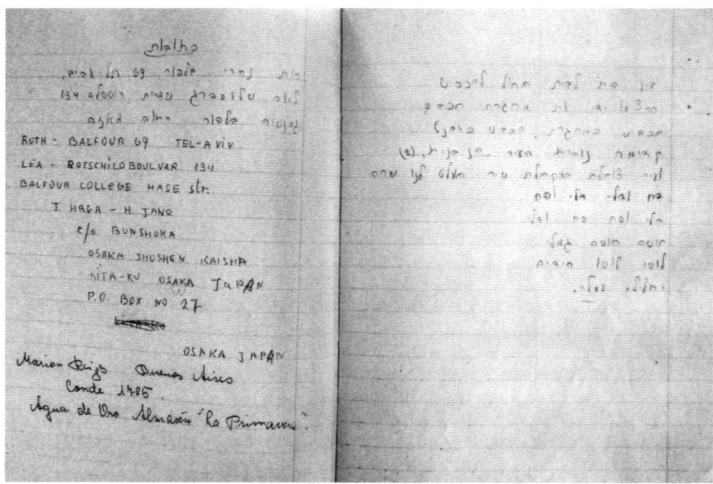

Adressen in Tel Aviv, Japan und Buenos Aires

Nach dem Sechstagekrieg 1967 kam meine Freundin Leah mit ihrem Mann Jitzchak Rabin hierher. Da haben wir uns wiedergesehen. Ich musste auf Englisch mit Leah sprechen. Das war schrecklich. Sie hat mich gefragt, wie es sein könne, dass ich nicht mehr Hebräisch spreche. Ich konnte es nicht erklären. Und ihr Mann wollte gar nicht mit mir sprechen. Entweder auf Hebräisch oder nada. Aber mit Leah habe ich fortan eine rege Korrespondenz geführt und sie auch noch ein paar Mal gesehen. Leider ist sie sehr früh gestorben, mit siebzig Jahren an Krebs. Ihre Mutter ist auch an Krebs gestorben. Sie war schon Witwe, weil man ihren Mann erschossen hatte. Lauter so schreckliche Sachen.

Die Engländer haben uns ganz gemein behandelt. Obwohl wir palästinensische Pässe hatten, waren wir enemy aliens, weil wir aus Deutschland kamen. Die Engländer haben jede einzelne Seite aus meinen Schulheften herausgerissen – es hätte ja irgendetwas mit unsichtbarer Tinte drinnen stehen können. Mein Gott, war ich wütend. Wir waren enemy aliens, obwohl wir als Juden aus Deutschland geflohen waren und fünf Jahre in Palästina lebten. Aber nicht nur die Engländer haben schreckliche Sachen gemacht. Auch die jüdischen Soldaten haben schreckliche Sachen gemacht. Manchmal haben sie einen umgebracht und an den Baum gelegt und darunter eine Bombe versteckt. Und wenn jemand vorbeigekommen ist, ging sie in die Luft. Das stand in einem Artikel.

Sind Sie in die Synagogen gegangen, in Dresden, auf Ihrer langen Flucht oder hier in Argentinien? Oder hat sich diesbezüglich etwas bei Ihnen verändert?
Wir waren nicht religiös. Auch meine Eltern nicht, meine Schwiegereltern ebenso wenig. Nur das Essen war ihnen wichtig. Es war die Religion des guten Essens. Aber Gabriela, meine ältere Tochter hat mir vor ein paar Jahren gesagt, ich hätte ihr keinen Halt gegeben in der Welt, weil wir nicht religiös waren. Ich habe gesagt, liebes Kind, wir hatten ein Dienstmädchen, als ihr Kinder wart. Die kam aus der Provinz, war eine von fünfzehn Geschwistern und war sehr religiös. Bei ihrer Hochzeit hat sie uns alle in die Kirche eingeladen. Gabriela hat das Kreuz gesehen und war sehr beeindruckt. Da habe ich zu meinem Mann gesagt, jetzt müssen wir sie auch in eine Synagoge und in einen Tempel führen, damit sie das kennenlernt. Wir haben ihr immer gesagt, cuando seas grande, puedes ser cristiana, puedes ser judía, puedes ser catolica, puedes ser lo que quieras, pero ahora … porque nosotros no creemos. Bueno. Bitte schön, du kannst später frei entscheiden, was du sein möchtest: Christin, Jüdin, Katholikin, was auch immer. Aber wir glauben nicht an Religion. Das können wir nicht ändern. Das hat sie uns übel genommen. Jetzt hat sie irgendeinen Weltglauben für sich gefunden. Etwas ganz Neues, das ich nicht verstehe.

Was, glauben Sie, hat Ihnen selber Halt gegeben?
Mein Charakter vielleicht. Nein, meine Mutter. Meine Mutter
war ein fabelhafter Mensch. Dieses österreichische Lächeln.
Egal was passiert ist, sie hat gelächelt. Du hast eine Sklaven-
natur, hat mein Vater immer zu ihr gesagt, weil sie immer nett
und freundlich war. Erst als ich schon über sechzig war und
meine Mutter über achtzig habe ich sie ein einziges Mal
ärgerlich erlebt. Wir waren beide Witwen und lebten zusammen in einer Wohnung. Ich hatte ihr nicht gesagt, wann ich
nach Hause käme.

Sie hatte diesen fabelhaften Charakter, den ich leider
nicht ganz geerbt habe. Mein Vater ist durch die Flucht zerbrochen. Er war so verzweifelt, nicht für uns sorgen zu können.
Da hat er oft die Nerven verloren, geschrien und ist furchtbar
aggressiv gegenüber meiner Mutter aufgetreten. Ich habe ihn
dafür gehasst. Aber meine Mutter sagte, du darfst ihn nicht
hassen. Er hat alles verloren, er ist verzweifelt. Du darfst ihm
seine Wutausbrüche nicht übel nehmen.

Was ging in Ihnen und in Ihren Eltern vor,
als die Nazis hier in Argentinien aufgetaucht sind?
Schrecklich, furchtbar! Speziell in Córdoba. Da gab es ein
Hotel, da hing ein Bild von Hitler an der Wand. Da habe
ich gesagt, hier kann man nicht mehr her hin. Oder in La
Cumbrecita, ein wunderschöner Ort, da war eine Konditorei,
und an der Tür stand: Juden nicht erwünscht. Da sind wir
auch nie wieder hingefahren.

Aber sonst haben wir von den Nazis wenig mitbekommen.
Manchmal hat man das irgendwie gefühlt. Wir hatten zum
Beispiel eine kleine quinta – wie sagt man – ein Häuschen
auf dem Land. Das war sehr schön. In die Nähe zog ein
deutsches Ehepaar. Er war ein Wurstfleischer. Die Fleischerei
existiert heute noch in Benavídez. Und sie kamen immer mit
einem Pferd und dem Sulki und riefen fiambre, fiambre (Aufschnitt). Wir rasten alle hin, um die feinen Würstchen, die
Leberwurst und alles, was man gerne gegessen hat, zu kaufen.
Unser Essen blieb immer deutsch und österreichisch. Meine
Mutter hat österreichisch gebacken und gekocht, und mein

Vater wollte manchmal seine Würstchen und sein Sauerkraut. Wir waren eine deutsche Familie.

Als der Fleischer gestorben ist, hat ein junger Mann den Laden mit den deutschen Würsten weitergeführt. Und da stand eine Dame in dem Laden, die sprach mit der Frau des jungen Mannes etwas gegen Juden. Da habe ich gesagt: »Was sagen Sie da! Ich bin Jüdin.« Da hat die Inhaberin gesagt, no, no, um Gottes willen, das ist überhaupt nicht so gemeint. Aber ich habe gesagt, dass ich mich der Würste enthalten werde. So etwas gab es ab und zu. Wir waren nie religiös, aber wenn ich etwas Antisemitisches gehört habe, habe ich immer sofort reagiert.

Sind Sie auch in Buenos Aires Nazis begegnet?
Gott sei Dank nicht. In der Pestalozzischule, wo meine Kinder und auch einige Enkel waren, gab es das nicht. Auch nicht in der Goetheschule.

Haben sich Ihre Kinder für Ihre Flucht interessiert?
Überhaupt nicht. Erst vor gut 15 Jahren begann Mónica sich dafür zu interessieren. Sie ist Künstlerin und hatte mit ein paar Frauen aus Ecuador, Buenos Aires und Deutschland eine Gruppe gegründet, die sie *Transit* nannten. Sie wollten eine Ausstellung machen. Da kam Mónica zu mir: »Mami, ihr seid doch ausgewandert. Das könnte ich für *Transit* gebrauchen.« Da habe ich mich mit dem guten Kind hingesetzt und habe gesagt: »Ich habe ein Tagebuch auf Hebräisch, das ich leider nicht mehr lesen kann. Aber eine Bekannte aus der Botschaft kann es übersetzen.« Das tat sie dann auch. Da ist Mónica aus allen Wolken gefallen. Und auf einmal hat sie sich für das alles wahnsinnig interessiert. Sie macht nun Kunstprojekte, in denen sie meine Aufzeichnungen verwendet.***

Stand für Sie, vielleicht auch für Ihre Eltern,
jemals zur Debatte, nach Deutschland zurückzugehen,
nach Dresden etwa?
Nein! Nie würde ich wieder nach Deutschland gehen. Nie! Eine Freundin von mir, aus Berlin, leider schon verstorben, die wurde nach Berlin eingeladen. Viel früher als ich nach

Dresden. Das war ja Ostdeutschland und unter den Kommunisten gab es solche Einladungen kaum. Aber diese Freundin wurde von Berlin aus eingeladen und sah eine kleine comunidad, eine kleine jüdische Gemeinschaft. Sie war außer sich, dass diese Leute zurückgegangen waren, nach all dem, was passiert war. No, ich kenne niemanden, der zurückgefahren ist. Als ich mit meinem Bruder für fünf Tage in Dresden war, wollten wir auch Paula suchen, die Schwester unseres Vaters, die ihn gewarnt hatte. Wir kannten aber nicht den Nachnamen ihres zweiten Mannes. Mein Bruder ist dann nach Prag gefahren und hat sie in Theresienstadt auf einer Liste gefunden. Sie ist dort umgekommen.

Unser Onkel konnte im letzten Moment Österreich verlassen. Er hat sich auf einem dieser Schiffe eingeschifft, die nach Palästina fuhren. Aber die Engländer haben das Schiff hochgenommen und diese armen Menschen nach Mauritius geschickt und dort verbannt. Dort hat er Malaria bekommen. Er war fünf Jahre lang dort, bis zum Ende des Krieges. Dann ist er nach Israel – da war es schon Israel – und hat da noch ein paar Jahre gelebt. Er hatte immer wieder Malariaanfälle. Er bekam keine Kinder.

Fühlen Sie sich in Buenos Aires heimisch?
(Marion stöhnt.) Wie soll ich sagen ... Viele hiesige Freundschaften habe ich nicht gemacht. Natürlich habe ich Freunde gehabt, aber viele sind bereits gestorben. Ich habe über vierzig Jahre in Theateragenturen gearbeitet und arbeite jetzt noch in meiner eigenen. Mit achtundsiebzig habe ich meine eigene kleine Agentur gegründet und das mache ich immer noch auf niedrigem Niveau. Ich versuche hauptsächlich, englische Autoren unterzubringen, aber es gibt viel Konkurrenz.

Durch diese Arbeit habe ich viele Theaterleute kennengelernt, aber Freundschaften mit hiesigen Menschen hatte ich sehr wenige. Warum? Die Gruppe, die wir in der Pestalozzischule waren, ist auseinandergegangen. Nur mit einer Klassenkameradin bin ich eng befreundet geblieben. Die ist dann aber ausgewandert und vor Kurzem in Paris gestorben. Claire ist meine beste Freundin, seit fünfzig Jahren. Wir gehen ins Kino, ins Theater und in Konzerte, zu der Academia Bach.

Mir fehlt es nicht, aber ein bisschen mehr sozialen Kontakt hätte ich gern. Meine drei Enkel arbeiten viel. Ich meine, man liest, man läuft ein bisschen herum, man muss ein bisschen Gymnastik machen, im Sommer schwimme ich. Man weiß nie, ob es sein oder haben heißt, so vergeht das Leben. Das Leben rennt davon. Ich sage immer, jeder Tag muss genutzt werden.

Vermissen Sie etwas, oder haben Sie das Gefühl, dass Sie etwas versäumt haben im Leben, weil Sie nicht in Deutschland bleiben konnten?

Man hat mir damals eine kleine Summe bezahlt, weil ich dort nicht bleiben und nicht lernen konnte. Ich lese auch immer sehr gerne das, was sie mir von der Pestalozzischule schicken. Über den Austausch, der stattfindet. Die Briefe von den Deutschen, die hierherkamen, oder die Briefe von Pestalozzi-Schülern, die dort waren. Das lese ich sehr gerne. Das kommt mir dann vor wie eine eigene Kultur, eine andere Welt. Da habe ich mir manchmal gedacht, wie wäre das gewesen, wenn ... Aber wenn man dann sieht, wie mies die Politik hier wie dort ist, dann denke ich mir: auch egal. Leider nimmt mich die Politik sehr mit, ich lese die Zeitung und ärgere mich, ich höre Radio und ich ärgere mich.

Lesen Sie auch deutsche Zeitungen?

Ich lese täglich die argentinische *La Nación* und *El País* aus Spanien. Wenn ich dann noch das *Argentinische Tageblatt* lesen müsste, würde ich ganz verrückt.

Sprechen Sie sonst überhaupt noch Deutsch, oder ist so ein Gespräch für Sie ungewöhnlich?

Es ist für mich ungewöhnlich. Ich habe nur eine Schülerin, die kommt jeden Dienstag. Darauf muss ich mich immer ein bisschen vorbereiten und wir hören *Deutsche Welle*. Ich habe so viele deutsche Bücher, die ich nicht ausgelesen habe. Ich habe so viel zu lesen. Aber am Abend bin ich müde, es strengt die Augen an. Und dann immer die blöde Zeitung! Das Beste wäre, gar keine Zeitung mehr zu lesen, aber das kann man natürlich nicht machen.

Haben Sie noch einen Wunsch?

Nein. Es freut mich sehr, dass es heute noch Menschen gibt wie Sie, die nicht vergessen. Denn was hier manchmal passiert und überhaupt in der Welt, wenn Leute leugnen, dass es den Holocaust gegeben hat, und andere Leute sagen, ach, immer diese alten Geschichten – das ist traurig. In den Schulen müsste viel mehr davon unterrichtet werden. Hier wird immer nur von den 30 000 »Verschwundenen« während der Militärdiktatur gesprochen. Die Militärdiktatur war eine Art Krieg. Gegen Guerilla-Terroristen, aber es traf auch viele unschuldige Menschen. Eine Freundin von mir musste in die Schweiz fliehen, sonst wäre sie auch »verschwunden«. Sie war Kommunistin, aber deswegen einen Menschen zu verfolgen oder umzubringen, das ist furchtbar. Es ist richtig, dass das hier nicht vergessen wird. Aber der Holocaust darf auch nicht vergessen werden.

In meiner ersten Arbeitsstelle war ein fünfzehnjähriges Mädchen, ein uneheliches Kind von einer spanischen Mutter. Ihr Stiefvater war Schotte oder Ire. Er hat ihr seinen Nachnamen gegeben. Aber immer wieder hat er sie schlimm gedemütigt. Wir haben uns eng angefreundet, manchmal sind wir stundenlang gelaufen. Sie hat mir erzählt, wie furchtbar sie darunter leidet, ein uneheliches Kind zu sein. Und ich habe ihr meine Geschichte erzählt, über unsere Reise, alles. Eines Tages habe ich sie gefragt, sag mal, was findest du schlimmer, ein uneheliches Kind zu sein oder eine Jüdin. Obwohl sie so darunter gelitten hat, ein uneheliches Kind zu sein, sagte sie: eine Jüdin. So ist das leider. Das Schreckliche ist, dass man als Jude immer ein Schuldgefühl hat. Zumindest ich. Mein Mann und andere Freunde aber auch. Wenn wir einen miesen Juden sahen, von denen es eine Menge gab und gibt, dann dachten wir immer: Dieser miese Jude ist für den Antisemitismus verantwortlich. Einmal hat ein Freund sehr gut widersprochen. Er sagte: »So darfst du nicht denken. Es gibt miese Italiener, es gibt miese Araber, es gibt Gauner in allen Kulturen.« Trotzdem, ich kann es nicht vermeiden. Das ist die Schuld, die man uns eingebläut hat.

Marion und Mónica blättern im hebräischen Tagebuch

Bei dem Treffen mit Marion im Jahr 2020 ist auch ihre Tochter Mónica dabei. Am sorgsam gedeckten Tisch trinken wir cafecito, essen die selbst gebackenen Brownies und kleine Brotschnitten. Die Korrekturen des Gesprächs sind schnell besprochen. Marion ist es wichtig, noch einmal zu betonen, wie schlimm ihr Vater mit ihrer Mutter umgegangen war, aber dass für sein Verhalten alleinig die Flucht verantwortlich sei, die ihn zerbrochen habe. In Dresden galt er als charmanter, großzügiger »Lebemann«, und auch für die Enkel sei er ein »hinreißender« Großvater gewesen.

Marion erzählt, wie rührend sich ihre Mutter um den kranken Ehemann gekümmert habe. Sowohl seine Tuberkulose als auch die *Colitis ulcerosas* (Darmgeschwüre) wurden als Verfolgungskrankheiten eingestuft. Nach seinem Tod hätte ihre Mutter, die so viel jünger als er war und so blendend aussah, wieder heiraten können. Aber sie stürzte in eine tiefe Depression. Am 18. Januar 1996 ist sie in Marions Wohnung, in der wir hier sitzen, gestorben.

Mónica hat einige ihrer Kunstwerke über die Flucht von Marion im Wohnzimmer aufgebaut. Sie legt außerdem Pässe,

Dokumente, das hebräische Tagebuch auf den Tisch. Mutter und Tochter blättern in den Dokumenten, ich fotografiere. Mónica spricht beinahe akzentfrei Deutsch, aber wir wechseln doch immer wieder ins Spanische. Es ist für Marion und sie schlicht die geläufigere Sprache.

Mutter und Tochter zeigen mir einige Bücher, die sich mit dem Holocaust und der Verfolgung beschäftigen. So auch das Buch von Dagmar Schroeder-Hildebrand *Ich sterbe vor Hunger – Kochrezepte aus dem Konzentrationslager Ravensbrück.* Um sich vom Hunger abzulenken, haben sich die Frauen nachts in den Baracken Kochrezepte erzählt. Ein junges Mädchen hat sie heimlich auf Papierschnipseln aufgeschrieben. Im Jahr 1999 erschienen, wird das Buch heute noch auf Amazon angezeigt. Freilich gibt es keine einzige Rezension. Es scheint vergriffen zu sein, das einzige Exemplar, das derzeit angeboten wird, kostet 90 Euro.

* Verteidigungsminister und Präsident von Israel.
** Vielleicht irrt sich Marion um zwei Tage. Im Internet steht: The ship ARABIA MARU arrived on Dec 02, 1940 to the Port of Buenos Aires, Argentina bringing immigrants from Europe.
*** Mónica Laura Weiss: Transit. Spuren eines langen Weges, diverse Ausstellungen auch in Deutschland, zum Beispiel 2018 bei Rotenburg: Marions Spuren.

BRECHT und GOETHE
in der Calle Freire

Buenos Aires. Aula des »Colegio Pestalozzi«. Nach dem Klavierspiel eines Schülers bittet der Schriftsteller Robert Schopflocher das zahlreich erschienene Publikum, sich zu erheben, um die Verstorbenen zu würdigen. Alle stehen auf. Die 90-Jährigen, die 50-, die 20-Jährigen, die noch jüngeren. Robert Schopflocher nennt die Namen der ersten Lehrer und Gründer der Schule.

Vor achtzig Jahren, am 2. April 1934, wurde das Colegio Pestalozzi in der argentinischen Hauptstadt gegründet, um der Gleichschaltung, sprich Nazifizierung der deutschsprachigen Schulen in Argentinien entgegenzuwirken, die örtliche Nazis und eigens dazu Entsandte aus Berlin erzwangen. Anfänglich »nur« eine antifaschistische Gegenwehr zum Schutz für argentinische Kinder mit deutschem Hintergrund, deren Eltern nicht wollten, dass sie mit »Heil Hitler« grüßen, das Horst-Wessel-Lied singen und *Mein Kampf* lesen sollten, wurde die Schule bald eines der wichtigsten Refugien für die Kinder deutsch-jüdischer Flüchtlinge – die inzwischen 90-Jährigen, die hier stehen und ihren damaligen Lehrern bis heute dankbar sind, dass sie ihnen halfen, Argentinier zu werden und Deutsche bleiben zu können. Mit welchem Pass auch immer.

Robert Schopflocher liest auf Spanisch und Deutsch aus seinen Büchern über Opfer der argentinischen Militärdiktatur, über chancenlose Kinder in Südamerika, die keinen Schutz wie die Pestalozzischule hatten oder haben. Der 91-Jährige spricht ein altmodisches Deutsch, das noch ein wenig seine Fürther Herkunft verrät, obwohl er seit 1937 in Argentinien lebt. Danach herrscht eine fröhliche Schulpausenstimmung. Alte und junge Freunde begrüßen sich, plaudern. Eine hübsche Mitvierzigerin mit pechschwarzen Haaren erzählt: »Ich bin

Neben dem Schuleingang

Argentinierin, habe nichts mit Deutschland zu tun, aber ich habe die ›Pesta‹ geliebt. Meine Tochter macht jetzt auch ihr Abitur hier.«

»Hoffentlich«, sagt die Tochter verlegen. Eine 88-jährige silberhaarige Dame macht der jungen Frau Mut: »Natürlich schaffst du das. Ich bin hier 1938 eingeschult worden, vier Wochen nach meiner Ankunft. Von dem Moment an habe ich gewusst, dass mir nichts mehr passieren kann.« Ihre gleichaltrige Freundin erzählt: »Nach meiner Ankunft im November 39 musste ich arbeiten gehen und habe nie mehr eine Schule besucht. Aber ich bin in die Leseveranstaltungen hier gegangen. Die Buddenbrooks! Die ersten zwanzig Seiten waren ganz schön anstrengend.« Sie lacht. Dann: »Unsere Heimat konnten sie uns rauben. Aber unsere Sprache und Kultur nicht.«

Diese Liebe zur deutschen Sprache und Kultur war eines der Hauptmotive, die Schule zu gründen: als Zeichen, dass es ein anderes Deutschland als die Nazidiktatur gab. Innerhalb nur eines Monats wurde die Schule aus dem Boden gestampft. Was in dieser knappen Zeit an pädagogischen Richtlinien festgelegt wurde, war nicht nur für damalige

Verhältnisse äußerst fortschrittlich, sondern so vorausblickend, dass die Pestalozzischule bis zum heutigen Tag als eine der besten Schulen Argentiniens gilt und ihre Integrationsarbeit über die Landesgrenzen hinaus mit internationalen Preisen gewürdigt worden ist.

Hauptinitiator der Schule war Ernesto Alemann, Herausgeber des deutschsprachigen *Argentinischen Tageblatts,* das im 19. Jahrhundert von seinem Vater, einem Schweizer Einwanderer, gegründet wurde und schon seit Langem vehement gegen Hitler Stellung bezog. Mit einer kleinen Gruppe von Gleichgesinnten entwickelte er die Prämissen: Damit die Schule von keiner Seite vereinnahmt werden konnte, wurde auf jegliche Form privatwirtschaftlicher und staatlicher Unterstützung verzichtet, also alles auf Spenden und Schulgeld ausgelegt.

Die Schule wurde als argentinische Lehranstalt definiert, die sich an örtlichen Lehrplänen orientierte, auch wenn die Unterrichtssprache Deutsch war. Um sich besser von den anderen deutschsprachigen Schulen abzugrenzen, entschied man sich statt für den ursprünglich vorgesehenen Namenspaten Gotthold Ephraim Lessing lieber für den Schweizer Pädagogen Johann Heinrich Pestalozzi, auch um die Unparteilichkeit zu betonen, »strengste politische, religiöse, nationale Neutralität«, wie es der erste Schuldirektor Dr. Alfred Dang formulierte, ein linker politischer Flüchtling aus Hitlerdeutschland. Wie er waren alle deutschsprachigen und argentinischen Lehrer der »Pesta« erwiesene Gegner der Nazis.

Für Direktor Dang war es das Ziel, trotz »Terror und brauner Barbarei die deutsche Kulturtradition in Argentinien aufrechtzuerhalten«, und zwar, wie er im Lehrplan formulierte, unter »Hochachtung vor einem Austausch mit anderen Völkern«. Viele der rund 45 000 deutsch-jüdischen Flüchtlinge in Argentinien sahen diese pädagogische Programmatik allerdings eher skeptisch. Viele konnten auch nicht das Schulgeld aufbringen, obwohl das »Colegio Pestalozzi« auch mittellose Kinder aufnahm. Und viele lehnten den modernen und – aller politischen Neutralität zum Trotz – linken Ansatz der Schule ab. Der Zulauf war dennoch groß. 300 Schüler aus elf Nationalitäten lernten bald an der »Pesta«.

1938 wurde ein neues Schulgebäude in der Calle Freire bezogen und ein Kindergarten eröffnet. Albert Einstein, Thomas Mann, Heinrich Mann und Lion Feuchtwanger gratulierten aus ihren Exilen, Stefan Zweig richtete das Wort an die Schüler, persönlich, auf einer Schallplatte eingraviert.

Pädagogisch folgte die Schule den Lehren ihres Namensgebers Pestalozzi. Die Schüler paukten nicht Geschichtsdaten oder Namen von Nebenflüssen, sondern lernten, Zusammenhänge zu verstehen. »Verständnis für die großen Probleme der Gegenwart« sollte sie im späteren Leben befähigen, menschenwürdige und tolerante Entscheidungen zu treffen und weltoffene Bürger zu werden.

Damals neue Fächer wie Werken, Sport, Handarbeit und Hygiene-/Sexualkundeunterricht standen auf dem Lehrplan. Für die deutschen Flüchtlingskinder gab es Zusatzunterricht in Spanisch, außerdem für alle Englisch und Französisch. Natürlich wurden auch Musik und Kunst unterrichtet. Carl Meffert, ein Schüler von Käthe Kollwitz, der sich auf seiner Flucht vor den Nazis in Clément Moreau umbenannt hatte, war einer der Lehrer.

1936 kam August Siemsen, ein bekannter Bildungspolitiker und Mitbegründer der linkssozialistischen SAP, aus dem Schweizer Exil nach Argentinien und wurde der von Herzen bewunderte Deutschlehrer. Siemsen schrieb 1936: »Ich wage die Ketzerei, dass es nicht darauf ankommt, eine Dichtung bis ins letzte zu begreifen. [...] Es geht uns nur darum, Freude an echter Dichtung zu erwecken.«

Er brachte ein Buch heraus, *Deutsche Gedichte von Goethe bis Brecht*. Die Auswahl der 74 Gedichte sollte für Kinder verständlich sein: Goethe, Schiller, Heine, Mörike, Morgenstern, Eichendorff, Brecht, dazu Volks- und Arbeiterlieder. »Durch Dr. Siemsen und seinen Unterricht gab es bei mir nie einen richtigen Bruch mit Deutschland«, schrieb einer seiner Schüler Jahrzehnte später.

Aus *Tim, Tom y Mary*, ein
Bilderbuch von Clément
Moreau über Kinder auf
der Flucht, die ein kleines
Kätzchen retten

Ein Kernkonzept der Pestalozzischule war und ist bis heute
soziale Hilfsbereitschaft, betont der jetzige Direktor Michael
Röhrig: »Wir wissen, dass wir durch das Schulgeld elitär
sind. Leider ist das nicht zu ändern, da wir nun einmal eine
private Institution sind und nicht mehr Stipendien ausschreiben
können, als wir tun. Aber nichts ist uns wichtiger, als dass
die Kinder den Kontakt zur Realität nicht verlieren und sich
sozial engagieren, gerade auf diesem Kontinent, wo es so viel
Elend gibt. Sie lernen Landschulen kennen, arbeiten in
Sozialprojekten.«

Ebenso wichtig ist es Röhrig, Toleranz gegenüber anderen
Völkern und Kulturen zu vermitteln: »Für uns gibt es keine
Minderheiten, sondern nur Unterschiede, die wir als Vielfalt
schätzen, um voneinander zu lernen. Nur wenn man sich
kennenlernt, können Vorurteile unterbunden werden.« Nicht
zufällig ist die »Pesta« nach dem Krieg die erste bilinguale
Schule Argentiniens gewesen und betreibt bis heute einen
regen Schüleraustausch weltweit, bis nach Neuseeland,
Australien und andere Länder.

»Es geht um die Interkulturalität, um das Zulassen und Miteinander von verschiedenen Kulturen. Nur dann kann Integration und Völkerverbindung gelingen«, sagt Schuldirektor Röhrig. Auch wenn Argentinien im Vergleich zu Deutschland heute längst nicht mehr ein so bedeutendes Einwanderungsland sei: Muslime gäbe es kaum, auch an der »Pesta« trage nur ein Mädchen das Kopftuch, eine Deutschtürkin. Deutschland sei inzwischen eigentlich der viel größere Schmelztiegel.

Vielleicht am besten fasst den Geist des »Colegio Pestalozzi« am Rand der Jubiläumsfeier eine 91-jährige Dame zusammen, die Deutschland 1938 mit ihrer Familie verließ, in Bolivien Exil fand und später nach Argentinien kam, wo sie ihre Tochter auf die Pestalozzischule schickte. Auf die Frage, ob sie ihre Geschichte jemals erzählt habe oder noch erzählen möchte: »Nein. Ich habe immer nur das Gute erzählt. Es gab auch gute Menschen, sonst hätten wir nicht überleben können. Mit dem Schlimmen wollte ich meine Kinder nicht belasten. Es gab auch das Gute.«

(Ein Artikel, den ich 2014 für die Jüdische Allgemeine schrieb.)

MARION KAUFMANN –
der Berliner Bubikopf

13. April 2014. »Ich wollte den Garten noch ein bisschen aufräumen«, sagt die zierliche 88-Jährige und zerrt den meterlangen Palmenast hinter sich her, den der gestrige Sturm abgerissen hat. Es ist Herbst in Argentinien, mit kalten Südwinden, die von der Antarktis über die flachen Steppen Patagoniens ungebremst nach Buenos Aires stürmen. Aber auch mit sehr heißen oder angenehm milden Tagen wie heute, an denen Marion Kaufmann mit ihrer Hündin Niki den hübschen Garten in dem ruhigen Vorort der Megametropole genießen kann.

Marion habe ich schon drei Jahre zuvor kennengelernt. Nach dem ersten Treffen sagte sie zu mir: »Beim nächsten Mal wechseln wir zum »Du«. Dieses »Sie« ist so komisch. Und sehr deutsch.« Wir haben uns dann meistens in ihrer Lieblingsbücherei Ateneo auf einen cafecito getroffen. Wir wollten auch zusammen ins Teatro Colón gehen. Das scheiterte aber, weil das Opernhaus wegen der Sommerpause für mehrere Monate geschlossen war und ich vor der Wiedereröffnung nach München zurückgeflogen bin.

Auch im Jahr 2014 treffen wir uns wieder im Ateneo. Ich erzähle ihr von dem Plan, einige deutsch-jüdische Flüchtlinge zu interviewen. Sie würde hoffentlich mitmachen. »Nein, die Flucht war so unspektakulär. Ich habe auch nichts zu erzählen, ich war doch noch ein Kind. Elf Jahre alt.« Ich bitte sie, es sich vielleicht noch anders zu überlegen. Auf der Achtzig-Jahre-Feier der Pestalozzischule sagt sie mir zu.

Nun, einige Wochen später findet das Gespräch statt. Wir entscheiden uns, im Garten zu bleiben und richten den Liegestuhl für Marion ein.

Ist es Dir recht, das Gespräch auf Deutsch zu führen?
Natürlich auf Deutsch, das ist besser. Ich spreche lieber Deutsch, ja.

Auch sonst?

Ich bin total zweisprachig, aber ich ziehe die deutsche Sprache vor, auch beim Schreiben. Obwohl ich weit über siebzig Jahre hier lebe und als Kind in die Schule gegangen bin. Aber es liegt mir mehr und fällt mir auch leichter. Deutsch ist ja meine Muttersprache. (lacht)

Ich bin 1926 am 6. Januar geboren, in Berlin. Wir lebten in der Paulsborner Straße 92, im Hinterhaus. Da ging man durch einen langen Gang, dann kam ein Garten und dann das Haus. Ich glaube, das war in Wilmersdorf, kann das sein? Ja.

In Berlin bin ich ein paar Jahre zur Schule gegangen. In die Theodor-Herzl-Schule. Mein Vater war schon nach Buenos Aires gefahren. Er wollte sehen, ob es hier Möglichkeiten gibt. Er fand sofort eine Stellung, weil er sehr sprachbegabt war. Er konnte Englisch, Französisch. Spanisch hat er sofort gelernt. Er wurde Sekretär in einer englischen Firma aus Burmingham, die hauptsächlich edle Silberservices herstellte. Der Chef, ein Engländer, ist dann bei einem Unfall umgekommen. Da haben die Leute meinen Vater gebeten, die Vertretung zu

Marion mit ihrer eleganten Mutter und einer Freundin, noch in Deutschland

übernehmen. Als er gesehen hat, dass das etwas Sicheres war, hat er uns nachkommen lassen. Das war 1937. Meine Mutter, mein kleiner Bruder und ich sind mit der Cap Arcona gekommen. Con todo lujo – mit allem Luxus, wenn ich vergleiche, was andere Leute mitgemacht haben. Meine Eltern haben auch gleich eine Wohnung gefunden in dem barrio Constitución. So fing es hier an. In einem Lift, heute sagt man dazu Container, waren alle unsere Möbel, Teppiche aus Berlin. Alles ist angekommen. Mein Bruder hat die Möbel heute noch, das war nämlich eine gute Qualität.

In mir ging nichts vor. Ich habe nichts verstanden und man hat auch nichts erklärt. Eines Tages hieß es, wir fahren nach Argentinien. Punkt. Ich habe nicht gefragt, warum. Vielleicht hat man mir gesagt, wir fahren zum Papi oder so. Von Hitler und von Verfolgung hatte ich keine Ahnung. Ich ging ja auf eine jüdische Schule, da habe ich nichts gemerkt.

Einmal habe ich etwas mitbekommen, aber nur so nebenbei. Ich war in einem Kinderheim, und da kamen eines Nachts die Nazis und durchsuchten das Haus und dann gingen sie wieder weg. Ich erinnere genau, dass wir Kinder alle große Angst hatten.

Die Schifffahrt war sehr schön. Mein Onkel, der uns nach Hamburg gebracht hat, hatte mir einen Fotoapparat geschenkt, eine Pocket-Kodak mit drei Filmrollen, die ich alle verknipst habe. Es ist aber nur ein einziges Bild herausgekommen. Mein Onkel hatte mir nicht gesagt, dass ich das Foto ganz herausziehen muss, bis es Klick macht. Und dieses eine Bild hat jemand anderes gemacht, nicht ich. So fing meine fotografische Laufbahn an. Heute mache ich es ein bisschen besser. Ich fotografiere viel und habe auch schon Ausstellungen gehabt.

Bei unserer Ankunft im Jahr 37 war es gerade Sommer, November. Kurz darauf begannen die Schulferien. Meine Eltern haben für meinen Bruder und mich eine Privatlehrerin besorgt. Da haben wir in drei Monaten Spanisch gelernt. Das geht bei Kindern ja ganz schnell. Wir wohnten in einem Haus mit

Spielplatz, da konnte man mit dem Fahrrad herumfahren und da waren viele Kinder. So lernten wir Spanisch. Einfacher ging es nicht.

Dann sind wir in die Schule gekommen. Mein Bruder kam auf die Pestalozzischule und ich in eine argentinische Mädchenschule, auf das Instituto Bernasconi. Es war nicht so alltäglich wie heute, dass ein Kind aus einem fremden Land in die Klasse kommt. Es war eine kleine Sensation, dass ich da war, und die Mädchen haben mir geholfen, wenn ich ein Wort nicht wusste, und wollten die deutschen Worte dafür kennenlernen. Das war sehr schön.

Dann sind wir nach Belgrano gezogen und meine Eltern haben mich in die amerikanische Schule geschickt, weil sie so nah war. Da habe ich schnell Englisch gelernt, aber es hat mir nicht so gefallen, weil das alles Kinder von Diplomaten waren. Das war ein ganz anderes Milieu. Nach zwei Jahren bin wieder in eine argentinische Schule gegangen, eine escuela comercial. Da habe ich Buchhaltung, Schreibmaschine und Stenografie gelernt. Ich weiß nicht wozu man Stenografie lernt, aber ich habe es gelernt. Natürlich ist Stenografie ganz praktisch, aber man entwickelt im Laufe des Lebens seine eigene Stenografie.

Meinen Eltern ging es hervorragend. Mein Vater hatte ja einen guten Posten. Meine Mutter ist viel ausgegangen und war sehr elegant. Ab dem Krieg begannen die Probleme. Die Engländer konnten keine Luxusartikel mehr fabrizieren, sondern nur noch Munition. Das war das Aus für meinen Vater. Das war ein großer Schlag für ihn. Meine Mutter wollte immer, dass er umsattelt. Andere Freunde von uns haben plötzlich Hemden hergestellt oder Uhren importiert, aber mein Vater hat immer gesagt: »Ich warte auf meine Engländer.« Er hat es nicht mehr erlebt. Er ist bereits vor Ende des Krieges gestorben.

Mein Bruder und ich wollten die Vertretung für die Firma weiterführen, aber das hat natürlich nicht geklappt. Meine Mutter hat dann Zimmer vermietet, wir hatten ja ein großes Haus. So haben wir uns durchgeschlagen.

Meine Mutter hat nie gearbeitet, nur vermietet. Meine Mutter hat auch nie richtig Spanisch gelernt. Alle diese Damen, die damals kamen, haben nicht richtig Spanisch gelernt. Alle Freundinnen meiner Mutter waren Emigrantinnen, sie hatten keine argentinischen Freundinnen. Sie konnten nur mit der Haushaltshilfe Spanisch reden. So haben alle diese Frauen nie richtig Spanisch gelernt.

Ich weiß nicht, warum wir nach Argentinien gekommen sind. Ich kann mir vorstellen, dass es damals das einzige Land war, wo man noch hindurfte. Mein Vater hatte einen Bruder, der war schon seit Langem in Amerika. Aber ich habe nie gehört, dass mein Vater nach Amerika wollte. Er durfte wahrscheinlich nicht mehr. Mein Bruder und ich haben nie gefragt. Man hat damals nicht gefragt als Kind. Und wir waren ja auch so beschäftigt mit Argentinien.

Was war die größte Umstellung von Deutschland nach Argentinien für Dich?
Alle Mädchen in der Schule hatten lange Haare mit Dauerwelle. Meine Mutter hat mir nicht erlaubt, lange Haare zu tragen. Ich hatte einen Bubikopf, ganz kurz und ganz glatt. Das hat mich wahnsinnig geniert. Ich wollte unbedingt lange Haare haben. Aber meine Mutter sagte, das ist nicht schön, in Deutschland trägt man Bubikopf. Sie war halt noch nicht richtig hier, no? Und eines Tages hat sie es mir dann doch erlaubt. Da sind wir zu einem Friseur auf der (Avenida) Santa Fe, daran kann ich mich noch gut erinnern. Aber wir haben natürlich nichts von Dauerwellen verstanden. Ich sah aus – ein Afrolook war nichts dagegen. Es sah schrecklich aus. Aber ich hatte endlich lange Haare.

Dann musste ich immer Kniestrümpfe tragen. In Berlin hat man Kniestrümpfe getragen. Aber alle Mädchen in meiner Schule hatten lange Strümpfe, bis hier her. (Sie zeigt mit der Hand auf das obere Drittel ihres Schenkels.) Das hat mir meine Mutter nicht erlaubt. Da haben wir immer gestritten.

Meine Mutter wollte sich nicht umstellen. Das sind so Sachen. Meine Mutter wollte immer, dass ich blaue Kleidung trage, weil das ihre Lieblingsfarbe war. Ich wollte so gerne auch mal etwas anderes tragen. Aber da ging gar nichts. Ich habe ein Foto von mir gefunden, im weißen Schulkittel. Den Kittel hat man damals wie heute an allen staatlichen Schulen getragen.

Zum Glück haben meine Eltern mir erlaubt, in die Tanzstunde zu gehen. Die Sache war nur die: Wir wohnten in Belgrano, in der (calle) Echeverría. Und die Tanzstundendame wohnte auch in der Echeverría, keine hundert Meter von uns entfernt. Das war mein großer Kummer. Denn nach der Tanzstunde haben die Jungs die Mädchen nach Hause gebracht, was oft eine Stunde gedauert hat und man konnte da miteinander sprechen, Händchen halten usw. Mich aber konnte niemand nach Hause bringen. Das hat mich sehr geärgert. Aber die Tanzstunde hat mir großen Spaß gemacht. Da haben wir alles gelernt: Tango, Walzer, Rumba, Conga.

Die Tanzlehrerin war eine Emigrantin und es waren hauptsächlich Emigranten bei ihr. Es gab auch eine nichtjüdische Tanzlehrerin, aber das war ein ganz anderes Publikum. Bei der waren die anderen Deutschen, so richtige Deutsche. Aber ich weiß nicht mehr, wo die waren. Man hat nur manchmal Annoncen in den Zeitungen gesehen von diesen Leuten. Es gab überhaupt keinen Kontakt.

Ich hatte immer auch argentinische Freunde. In letzter Zeit allerdings habe ich kaum noch Freunde, weil die meisten nicht mehr leben.

Mit siebzehn habe ich die Handelsschule geschmissen. Ich wollte nicht mehr lernen. Ich wollte arbeiten. Ich habe auf eine Annonce geantwortet, in der man eine junge Sekretärin mit Englischkenntnissen suchte. Man hat mich genommen. Das war früher ja ganz einfach. Es gab keine Tests, keine Psychologen und keine Public-Relation-Leute. Man hat mich gefragt, wer ich bin und was ich kann, und so hatte ich die Stellung. Dort war ich zwei Jahre. Mit Anfang zwanzig habe ich geheiratet und bekam zwei Kinder.

Mein Schwiegervater hatte eine Druckerei für Kunstkalender, Werbeartikel, Visitenkarten und Briefpapier etc. Ich ging in die Geschäfte und Büros und bot die Produkte an. Das hat mir einen großen Spaß gemacht. Als ich einmal bei einem Herrn war und ihm Visitenkarten für sein Büro verkaufte, sagte er: »Wenn Sie eine Anstellung suchen, dann kommen Sie zu mir.« Das war ein großes Lob. Bueno. Das habe ich lange gemacht.

Zwischendurch bin ich mit meinem Mann viel verreist und habe immer lange Briefe nach Hause geschrieben, die, glaube ich, niemand gelesen hat. Aber ich habe sie gerne geschrieben. Nach dreizehn Jahren haben sich mein Mann und ich getrennt. Nach der Scheidung wollte ich zu Hause arbeiten, um da zu sein, wenn die Kinder aus der Schule kommen. So fing ich mit den Übersetzungen an.

Ich habe deutsche Artikel für Frauenzeitschriften übersetzt, die es heute nicht mehr gibt. Oder für ein Blatt, das während der Fußball-WM 1978 erklärte, wie man Fußballmatches organisiert und wie das mit den Versicherungen abläuft. Ich hatte keine Ahnung von Fußball und von Versicherungen, aber ich habe die Arbeit gekriegt. Ein Freund von mir war ein Versicherungsmensch, der hat mir sehr geholfen. Das war während der Diktatur. Aber ich brauchte ja das Geld, no? Das war die bestbezahlte Arbeit in meinem Leben. Es kam immer eins zum anderen. Ich habe nur einmal eine Annonce aufgegeben im *Argentinischen Tageblatt*, um anzubieten, die Lebensgeschichten von Menschen als »Ghostwriter« zu schreiben. So kamen vier oder fünf Bücher zustande. Die anderen Angebote kamen immer von alleine. So auch von zwei Frauen, die Zeitschriften über Handarbeit aus Deutschland importiert haben: Stricken und Häkeln. Sie haben mich gefragt, ob ich das übersetzen würde. Immer so »zwei links, zwei rechts«. Es war stinklangweilig und man musste furchtbar aufpassen, aber ich habe es gemacht. Dann bekam ich Möglichkeiten für eine Dekorationszeitschrift, da habe ich auch die deutschen Artikel übersetzt.

Eines Tages dachte ich mir, ich will nicht immer nur übersetzen, sondern auch selber etwas schreiben. Das habe ich getan. Ich habe ein paar Bekannte besucht, die Skulpturen im Garten hatten, und habe darüber einen Artikel geschrieben. Der Artikel erschien in der Zeitschrift *Decoralia*. Die gibt es auch nicht mehr.

Auf einer Reise in die Schweiz besuchte ich eine Freundin. Diese Freundin hatte Bekannte im Zirkus Knie. Dessen Vorstellung haben wir uns angesehen und der Zirkus hat uns danach im Zelt zum Essen eingeladen. Das hat mich sehr beeindruckt. Ich schrieb einen Artikel darüber und fragte mich, wen dieser Schweizer Zirkus in Argentinien interessieren könnte. Dann fiel mir ein, dass der Herausgeber des *Argentinischen Tageblatts* aus einer Schweizer Familie stammt.

Ich ging zu dem Herausgeber und zeigte ihm den Artikel. Er wollte ihn sofort drucken. Er war so begeistert, dass ich mich traute zu fragen, ob er vielleicht noch eine weitere Arbeit für mich habe. Er fragte, ob ich gerne ins Kino gehe. Ich wusste erst einmal nicht, ob er mich jetzt privat ins Kino einladen möchte oder so. Er sagte, wir brauchen jemanden, der über die neuen Filme schreibt. Ich sagte, dass ich gerne ins Kino gehe, aber noch nie über einen Film geschrieben habe und nicht weiß, ob ich das kann. Da sagte er, das ist furchtbar leicht. Gehen Sie in die Redaktion und lassen Sie sich das von dem Chef erklären. Der sagte mir dann: Es geht nicht um eine tiefschürfende Analyse. Wir wollen den Lesern nur mitteilen, ob der Film gut ist und warum, oder ob er schlecht ist und warum. Nur eines müssen Sie sich merken, Sie dürfen nie das Ende verraten. Schreiben Sie über zwei Filme und dann sehen wir weiter.

Ich habe an einem Tag zwei Filme im Kino angesehen und dann hat mich eine Freundin angerufen und mir von einem dritten Film erzählt. Den habe ich auch noch angesehen. Ich habe über die Filme geschrieben und am Sonntag erschienen die Kritiken über alle drei Filme. So fing das an. Es hat mir einen tollen Spaß gemacht. Jahrelang habe ich jeden Donnerstag drei Filme gesehen und über sie geschrieben. Eine herrliche Zeit! Später wurde ich die Leiterin der Frauenseite und habe es geliebt, alles selber frei entscheiden zu dürfen. Die Themen, die Mitarbeiter, alles. Großartig!
Hast Du nur auf Deutsch geschrieben?
Nein, ich habe immer auch auf Spanisch geschrieben, außer für das *Tageblatt*. Ich reiste auch nie ohne Aufnahmegerät und schrieb über alles. Über Las Vegas, das Universal-Filmstudio in Hollywood, die Townships in Südafrika.

Marion verschweigt ihre vielen Interviews mit weltbekannten Schriftstellern. Aber ich weiß von früheren Treffen, dass sie über Nadine Gordimer, Amos Oz, Jorge Luis Borges und viele andere geschrieben hat. Auch den Gefängniswärter von Nelson Mandela hat Marion interviewt.

Jahrelang habe ich für *La Prensa* geschrieben. Nur einmal hat *La Prensa* etwas abgelehnt. Da war ich in Ecuador und habe Schriftsteller interviewt. Einer gefiel mir besonders. Aber *La Prensa* lehnte ab: Den kennt doch niemand. Drei Monate später hat dieser Mann einen ganz wichtigen Literatur-Preis gewonnen, den *Premio Casa de las Américas*. Da bin ich wieder zu *La Prensa* und habe gefragt, wollt Ihr den Artikel immer noch nicht haben? Sie sagten: Ja, aber er muss heute kommen. Bueno. So ist er auch erschienen.
Einen ganz langen Artikel habe ich an *Clarín* verkauft.

Das war auch so ein Zufall. Ich war in Paris und habe Patricia Highsmith interviewt, diese amerikanische Krimiautorin, die in Paris lebte. Ich hatte praktisch alle ihre Bücher gelesen. Und dann habe ich mit ihr gesprochen und sie auch fotografiert. Sie hatte Schnecken gesammelt. Die krochen in ihrer Wohnung in einer Kiste herum, ein bisschen widerlich. Mit dem Gespräch bin ich zu *Clarín*, die damals eine riesige Kulturbeilage hatte. Aber ich kannte da niemanden. Der Mann am Empfang fragte mich, wen ich sprechen wolle, es gäbe drei Verantwortliche. Ich sagte: Ich kenne keinen, aber ich möchte mit demjenigen sprechen, der Zeit hat. Da kam ein Herr und sagte lächelnd: »Die Highsmith ist meine Lieblingsautorin.« Er hat den Artikel sofort behalten. Manchmal geht es auch so, no? Aber danach habe ich dort leider nie wieder etwas unterbringen können.

Das erste Mal war ich 1977 mit meiner Mutter in Südafrika. Da war die Apartheit noch voll im Gange. Das war schrecklich, wenn man die Bänke in den Parks sah mit »white only« oder »black only«. In Berlin habe ich so etwas ja nie erlebt. Da war ich zu jung und ich war sehr geschützt. Aber in Südafrika, das war schlimm.

Dann war ich länger nicht mehr dort, sondern erst wieder mit meinem zweiten Mann, mit dem ich jedes Jahr eine lange Reise unternahm. Immer abwechselnd: ein Jahr durch Argentinien, ein Jahr weit weg. Und sehr oft nach Südafrika, weil die Schwester meines Mannes dort lebte und nie hierherkommen wollte. Das war das Beste, was mir passieren konnte. So mussten wir zu ihr. Wir haben uns immer ein Auto genommen und sind herumgefahren. Ein interessantes, sehr schönes Land, auch landschaftlich. Kapstadt ist meines Erachtens die schönste Stadt auf der Welt. Der Ozean auf der einen Seite und die Berge auf der anderen. Ich war über zehn Mal dort. Nach dem Tod meines Mannes vor acht Jahren inzwischen auch alleine. Ich habe viele Dinge aus Südafrika hier, all die Holzfiguren und Bildern die mir so gefallen haben, dass ich sie gekauft habe. Ich habe aus vielen Ländern Dinge hier. Mein erster Mann war ein richtiger – wie sagt man – Sammler. Genau.

Ich war auch immer wieder in Berlin. Bei meinem ersten Besuch stand noch die Mauer. Ich besuchte unser Haus und wollte ganz gerührt zu meinem alten Zimmer hochblicken. Aber ich wusste nicht mehr, in welchem Stockwerk wir gewohnt haben – und weg war die Rührung.

Stand jemals zur Debatte, wieder nach
Deutschland zurückzukehren?
No! Nie! Als Tourist gerne, gerne auch für ein Jahr. Aber für immer? No. Ich habe da ja auch niemanden mehr. Ich habe hier meine Familie und meine Freunde. Sehr oft war ich in Frankfurt auf der Buchmesse. Da bin ich zu dem Chef vom Deutschen Taschenbuch Verlag und fragte ihn, warum er keine lateinamerikanischen Autoren drucken würde. Er sagte, er hätte keinen Übersetzer. Ich sagte: »Da bin ich.«
Dann habe ich Jahrelang lateinamerikanische Schriftsteller gesucht. Der dtv-Verlag brachte vier zweisprachige Bücher von mir mit lateinamerikanischen Kurzgeschichten heraus, bis der Verantwortliche in Pension ging. Dann war es vorbei.
Manchmal schicke ich noch Nachrichten an eine Literaturzeitschrift in Frankfurt, die heißt *Literaturnachrichten*. Da sind auch drei oder vier Interviews von mir erschienen und Kurzgeschichten von einem Freund, die ich übersetzt habe. So geht das immer weiter. Das macht mir Spaß.

Hast Du mit Deinen Kindern Deutsch gesprochen?
Als sie ganz klein waren, haben wir mit unseren Kindern Deutsch gesprochen. Bis wir gemerkt haben, dass der Junge ohne uns hilflos war, weil er sich nicht gut auf Spanisch ausdrücken konnte. Da hat mein Mann gesagt: »Wir sprechen nur noch Spanisch.« Meine Tochter ging ein paar Jahre in die Waldorfschule, mein Sohn ein paar Jahre in die Pestalozzischule. Sie können beide Deutsch, aber sie wollen hier nicht Deutsch sprechen. Auch nicht mit mir. Wenn sie in Deutschland sind, dann haben sie keine Probleme. Bueno.
Wir haben viele deutsche Bücher gelesen und sind zu deutschen Veranstaltungen gegangen im Goethe-Institut oder in deutschsprachige Theater. Das hat uns immer interessiert.

Aber uns hat auch die argentinische Kultur interessiert. Viele Emigranten hat die argentinische Kultur ja nicht interessiert. Uns aber schon.

Fehlt Dir etwas aus Deutschland?
Die Ordnung und die Pünktlichkeit. Ich bin nun seit bald achtzig Jahren hier und kann mich immer noch nicht an die Unpünktlichkeit gewöhnen. Ich glaube, alle Lateinamerikaner sind unpünktlich.

Gibt es auch positive Eigenschaften der Südamerikaner?
Sofort: Die Freundlichkeit! Wenn ich hier zu meinen Nachbarn ginge und sagte, ihr müsst mir helfen, dann kämen sie sofort. Ich habe eine Zeit lang in einem departamento gewohnt, in einem Haus mit circa zehn departamentos. Da hat man sich kaum gekannt. Aber in einem Notfall hätten alle sofort geholfen. Auch im Landesinneren ist es großartig, wie freundlich die Leute einen empfangen. Man wird sofort eingeladen, einen Kaffee zu trinken oder zu essen, auch wenn man sich nicht kennt. Schön ist auch, wie hier die Familien zusammenhalten. Jetzt zum Beispiel, wo alles so schwer geworden ist. Da trennen sich viele Ehepaare. Dann geht der Mann oder die Frau zurück ins Elternhaus, weil es nicht anders geht. Das ist in Deutschland, glaube ich, nicht mehr so. Aber hier halten die Familien zusammen.

Meine Enkel sind zwischen zwanzig und dreißig Jahre alt. Sie sprechen mehr Englisch als Deutsch. Nur einer spricht gut Deutsch. Sie wollten auch alle nicht nach Europa oder Deutschland. Sie haben überhaupt keine Beziehung zu Deutschland, eher zur Schweiz. Mein Sohn hat eine von den Töchtern aus der Familie Alemann geheiratet. Die Enkel kennen die Schweiz sehr gut, weil ein Teil der Familie dort lebt. Einer meiner Enkel war jetzt für zwei Monate in Deutschland und war begeistert. Aber leben möchte er dort nicht. Ich habe nicht gefragt, warum. Er ist eben Argentinier und sagte: leben in Deutschland, no.

Ist Argentinien Heimat für Dich?
Ich weiß nicht, wo ich hingehöre, ehrlich gesagt. Ich bin hier. Ich lebe hier. Aber irgendwo in meinem Inneren bin ich doch

noch Deutsche. Das geht aber jedem anderes. Niki! Qué
haces!

Niki hat mitten auf die Wiese einen Haufen gesetzt. Marion
springt vom Liegestuhl auf und beseitigt mit Kehrschaufel
und Besen das Malheur. Dann setzt sie sich nur widerwillig
wieder in den Liegestuhl. Noch widerwilliger lässt sie sich
fotografieren. Ich zeige ihr alle Aufnahmen.
Die kannst Du verwenden. So. Jetzt brauche ich einen
cafecito. Will noch jemand?

Marion serviert uns auf einem marokkanischen Tisch in ihrem
Wohnzimmer den cafecito. Überall stehen hier die Mitbringsel
aus Südafrika und aller Herren Länder herum. Außerdem
viele Bücher auf Deutsch, Englisch, Spanisch, Französisch.

Kannst du mir kurz mit dem Computer helfen? Da stimmt et-
was nicht, bittet Marion Eduardo, unseren Kameramann. Der
Computer ist ihr Arbeitsgerät, mit ihm übersetzt und schreibt
sie auch heute noch.
Natürlich, meine Kolumne, jede Woche für das *Tageblatt*.
Meistens rechts oben auf der Seite, manchmal links unten.

Marions letzte Kolumne – links oben – behandelt die Frage, warum in Argentinien, dem Land der Streiks, die alle berechtigt seien, nur eine Gruppe von Menschen nie streike: die älteren und alten Menschen nämlich, die unter den Krisenbedingungen und neuen kriminellen Gefahren besonders zu leiden hätten. Die Frage sei nur, wie sie überhaupt streiken könnten. So ironisch die Frage gemeint ist, Marion selber würde niemals die Arbeit niederlegen. Viel zu viel interessiert sie noch – und sie sagt: Arbeiten hält auch wach. Und tut der Seele gut.

Kurz vor meiner Abreise treffen wir uns noch einmal. Ich erzähle, dass ich es bedauern würde, keine Zeit mehr zu haben, ein paar Tage nach Uruguay zu fahren. Ich könne nur noch für einen Tag mit der Fähre nach Colonia del Sacramento fahren, das alte Kolonialstädtchen, das zum UNESCO-Weltkulturerbe gehört.

Wenn du das nächste Mal kommst, fahren wir gemeinsam nach Uruguay. Wir mieten uns ein Auto und fahren herum. Das wollte ich schon lange machen. Oder wir fliegen zusammen nach Südafrika. Das traue ich mich jetzt nicht mehr alleine. Was meinst du?

Beides würde ich nur zu gerne machen. Aber dann vergehen sechs Jahre, bis meine Lebensumstände es wieder erlauben, nach Buenos Aires zu fliegen. Sehr bang versuche ich in der Zwischenzeit nachzuforschen, ob meine Gesprächspartner noch leben. Über Marion finde ich einige Nachrichten im Internet. Im Dezember 2018, kurz vor ihrem 93. Geburtstag hat sie ihr erstes Buch veröffentlicht. Es geht um kreative Frauen und heißt *Nosotras, las de más de ochenta.* (*Wir Frauen über achtzig*)

In einem Interview wird sie auch auf ihren deutschen Akzent angesprochen, den sie wohl nie abgelegt hätte. Marion antwortet, dass es andersherum sei. Der deutsche Akzent sei erstaunlicherweise ein paar Jahre zuvor wieder zu ihr zurückgekehrt.

Im Jahr 2020 kehre ich endlich wieder nach Buenos Aires zurück. Wegen der großen Hitze bittet Marion mich, zu ihr hinauszufahren und nicht auf ein Treffen im Ateneo zu bestehen. Über Internet eruiere ich die Busverbindungen. Der colectivo (Bus), der mir als bester vorgeschlagen wird, existiert nicht mehr. Ich suche und finde andere Verbindungen, der Weg wird auf eine Stunde und zwanzig Minuten berechnet. Ich möchte auf keinen Fall zu spät kommen und gehe frühzeitig los. Zum Glück sind die Busse klimatisiert. Sie zeigen die Temperaturen an. Außen sind es 36 Grad, im Bus 29.

Der erste Bus schlängelt sich im Stau durch schmale Einbahnstraßen und große Aveniden. Der zweite Bus hingegen kann schnurgerade auf der neu eingerichteten Bustrasse in die Provinz Olivos fahren. Genial.

Busfahren ist und bleibt trotz neuer Bustrassen in Buenos Aires ein Abenteuer. Dieser gigantische Verkehr, das Öffnen der Türen während der Fahrt, die Überholwettkämpfe der Busfahrer. An einer Stelle erkenne ich eine Schnellstraße, die auf einer Betonbrücke die anderen Straßen überquert. Damals wurde mir erklärt: Rechts ist die ciudad (Stadt), links die Provinz Buenos Aires. Ein Unterschied ist nicht zu erkennen: links ein Hochhaus neben dem anderen, rechts ebenso.

Marion hat mir die Ausstiegshaltestelle genau beschrieben, ich habe die Querstraßen nach der scharfen Linkskurve auf Google Maps abgezählt, so halte ich den Bus in der Tat an der richtigen Haltestelle an. Ich bin viel zu früh und plane, noch einen Spaziergang zu machen. Aber da geht die Tür von einem kleinen Lebensmittelladen auf. Marion winkt mir fröhlich zu. Sie ist noch zierlicher als vor sechs Jahren, auf einen eleganten Stock gestützt.

Du bist ja viel zu früh.
Ich weiß, entschuldige. Ich kann gerne noch spazieren gehen.
Nein, nein. Ich wollte nur noch kaltes Wasser für dich besorgen. Sonst habe ich schon alles vorbereitet.

Die Ladeninhaberin gießt das Wasser in eine Zweiliter-Plastik-flasche und verbietet Marion zu bezahlen. Ich nehme Marion die schwere Flasche ab, wir kreuzen die Straße und schon stehen wir vor ihrem Grundstück. Der Garten fasziniert mich auf der Stelle wieder. Palmen, andere tropische Bäume, bunte Blumen in Hülle und Fülle. Vögel, Schmetterlinge. Ein Paradies. Aber wo ist der Hund?

Sie hat sich selbstständig gemacht. Anfang Januar war ich für ein paar Tage im Urlaub, da ist sie von der Frau, die auf sie aufgepasst hat, abgehauen. Sie ist sofort zu meinem Haus gelaufen, aber ich war ja nicht da. Dann ist sie wieder weg. Jetzt erhalte ich immer wieder Anrufe, dass sie irgendwo gesehen wurde. Aber sie lässt sich ja nicht einfangen und nicht anleinen.

Marion ist untröstlich, dass ihre Hündin nicht bei ihr ist. Irgendwann begreife ich, dass es sich nicht um die Hündin Niki handelt, die ich vor sechs Jahren kennenlernte.

Niki trieb tot im Pool herum. Es war furchtbar. Sie ist aber nicht im Pool gestorben, das hat man feststellen können. Sie hatte einen Herzstillstand, ist umgefallen und dann in den Pool gestürzt. Das war vor bald sechs Jahren. Dori ist weg. Dori ist zu mir gekommen, weil eine Familie sie abgeben wollte. Ich habe mich sofort in sie verliebt. Sie ist sehr freiheitsliebend und macht immer ihre Spaziergänge alleine. Sie ist agil wie eine Zirkusartistin. Man hat gesehen, wie sie hier über den Zaun gesprungen ist. Ich habe ihn dann höher machen lassen.

Ich sehe die Drahterhöhung über dem Holzzaun, der auch ohne Draht zwei Meter hoch ist.

Ich bin sicher, sie wird wiederkommen. Es gibt ein großes Netz von Menschen, die sie suchen helfen. Ich wusste gar nicht, dass ich so viele Menschen kenne. Sechs Monate warte ich noch. Dann besorge ich mir einen neuen Hund. Und wenn Dori dann wiederkommen sollte, habe ich eben zwei.

Marion bietet mir Wasser, Nescafé, Eis und Kekse an. Außerdem hat sie auf zwei Seiten Korrekturwünsche ausgedruckt und meine Fragen beantwortet.

Zeig mal, was habe ich denn alles kritisiert?

Ich verspreche ihr, alle Korrekturwünsche zu übernehmen. Marion fragt mich besorgt, woher denn dieser Hass komme, der sich seit ein paar Jahren gegen Juden, Muslime und andere Menschen breitmache. Ich kann es ihr nicht erklären. Ich kann nur bestätigen, dass dieser Rechtsschub beklemmend ist und wir alle große Sorge haben. Sie fragt, ob Menschen bereits Deutschland verlassen, weil sie Angst vor Angriffen und Verfolgungen haben.

Soweit ich weiß, noch nicht, antworte ich. Aber ich kenne genügend Menschen, die bestimmte Städte und Gegenden nicht mehr aufsuchen. Sie werden zu oft angegriffen. Außerdem finden viele Ortschaften niemanden mehr, der öffentliche Ämter wie Bürgermeister etc. übernehmen möchte. Es gibt zu viele Hasskampagnen und Morddrohungen gegen sie.

Marion seufzt. Hm. In Argentinien verlassen die Menschen das Land, weil sie keine Arbeit finden. Dafür kommen die Venezolaner und übernehmen die Arbeit. Die Peruaner und Bolivianer arbeiten als Gärtner. Und zwar sehr gut, sie lieben die Arbeit in der Natur. Die Kolumbianer arbeiten in den Lokalen. Aber die Argentinier wollen diese Arbeiten nicht machen. Sehr typisch. Sie sagen immer, die anderen seien schuld.

Ich lache. Das erinnert mich an Deutschland. Marion schimpft über den aufgeblähten Staatsapparat, der dringend reduziert werden müsste:
Ein Minister hat zehn Ratgeber, die niemand braucht, aber alle bekommen Pension. Daran wird natürlich nicht gerüttelt. Alle kleben an ihren Posten.

Auch das kommt mir bekannt vor. Ich sage Marion, dass ich ihre letzte Kolumne gelesen habe.
Natürlich, die schreibe ich jede Woche. Es gibt zurzeit so vieles, über das man schreiben muss.

Sie schenkt mir ihr Buch.
Leider ist es ein bisschen der Krise zum Opfer gefallen. Es kauft niemand mehr Bücher. Das betrifft nicht nur mein Buch. Die Leute haben kein Geld mehr für Bücher. Von bekannten Autoren kosten Bücher circa 1000 Peso. Meines 450.*

Marion nimmt einen Füllfederhalter und schreibt eine kleine Widmung.
Geht es Dir auch so? Ich kann gar nicht mehr mit der Hand schreiben. Früher hatte ich so eine schöne Handschrift, aber durch das Arbeiten am Computer ist sie verloren gegangen.

Ich frage, ob sie ein neues Buch plane.
Der Herausgeber hat mir vorgeschlagen, meine vielen Reisegeschichten mit den vielen Interviews, die ich gemacht habe, zu kombinieren. Aber ich bin mir unschlüssig. Ich bin so lange nicht mehr gereist.

Mit allen Kräften befürworte ich dieses Buchprojekt. Sie sei weit über siebzig Jahre regelmäßig gereist und habe so viel erlebt und interessante Menschen gesprochen, da ließe sich garantiert etwas Spannendes machen, das auch den Wandel der Zeiten schildert.

Das stimmt. Weil ein Flug gecancelt wurde, war ich durch Zufall auch in Israel, als der ägyptische Präsident Sadat angekündigt war. Niemand wusste, wann er kommt. Dann hieß es plötzlich: Jetzt kommt er. Man hat wie blöde in den Radiostationen die ägyptische Nationalhymne gesucht, die dann alle gesungen haben. Der Fahnenmacher hat Überstunden gemacht, um ägyptische Fahnen zu nähen. Alle haben getanzt, sogar die Polizisten.

Vor dem Abschied tauschen wir unsere Handynummern aus

Das habe ich im *Tageblatt* geschrieben. Dann hat der
Herausgeber Alemann, der sonst immer nur an den Artikeln
rot angestrichen hat, was ihm nicht gefallen hat, und nie
etwas Positives vermerkt hat, riesengroß ein einziges Wort
darübergeschrieben: »Excelente«. Das war wie der Nobel-
preis für mich.

Marion kommt abermals auf Dori zurück, die sicher bald
kommen werde. Die Stille im Haus und Garten sei unerträglich.
  Meine Tochter wohnt hier um die Ecke, aber sie hat nur
selten Zeit, mich zu besuchen. Als Direktorin des Museums in
Tigre ist sie sehr eingespannt. Mein Sohn wohnt weiter weg,
in San Isidro. Zum Glück kommen meine Enkel immer wieder.
Und meine Urenkel. Ich habe inzwischen zwei! Einer ist vor
gerade einem Monat geboren, der andere ist drei Jahre alt.

Wir verabreden uns für ein weiteres Treffen vor meiner
Abreise.
Nächste Woche, wenn es etwas kühler ist, kann ich auch in
die Stadt fahren. Dann treffen wir uns im Ateneo.

Im September 2020 schreibt mir Marion, dass sie während des Lockdowns das Buch über die Reisen ausgearbeitet habe. Es sei inzwischen auch erschienen. Sie schreibt außerdem, einen weiteren Urenkel bekommen zu haben. Und einen neuen Hund. Dori sei nicht wieder aufgetaucht.

Als ich ihr im Februar 2022 eine E-Mail schicke, dass es einen Verlag für dieses Buch gibt, antwortet sie nicht nur prompt sehr erfreut, sondern schickt mir ein Foto ihres neuen Hundes, der kleinen Negrita.

* 1000 Pesos entsprachen 2020 circa 15 Euro.

BÜCHER

Juliana Fischbein schleppt einen großen Koffer voller Bücher in mein Appartement: »Die sind vor Jahren nach dem Tod einer jüdischen Bibliothekarin bei mir gelandet. Vielleicht kannst du sie gebrauchen.«

Es dauert einige Wochen, bis ich mich dem Koffer widme. Zwischen *Die Reise nach Tilsit,* Büchern von Alfred Kerr und Heinrich von Kleist, *Sie, Das Totenschiff, Auf dem Amazonas,* philosophischen Abhandlungen und seichten Schmökern ist alles dabei. Einige Bücher wurden in Deutschland gedruckt, viele aber hier in verschiedenen Verlagen. Vor dem Zweiten Weltkrieg, währenddessen und danach. An den Stempeln und Firmenlogos lässt sich auch eine Vielzahl von Buchhandlungen,

Leihbüchereien und Antiquariaten für deutschsprachige Literatur erkennen. Die Kommentare von Lesern, die Widmungen von Schenkern zeigen, welche große Rolle diese Bücher spielten.

Ein Buch wird einer Frau Klein gewidmet, »der lebensvollen Darstellerin in *Flüchtling*, September 1949.« Bei *Eine Frau für drei Tage* steht handgeschrieben auf der ersten Seite »Geschenk von Lily Mercado anlässlich meiner Palästinareise, August 1950«. Der Autor von *Baracke 37 – Stillgestanden*, ein Bericht, den er im französischen Gefangenenlager Le Vernet 1940 begann und 1941 in Buenos Aires beendete, wird streng von einem Leser gerügt: »Das alles ist dem hochwohllöblichen Herrn Weil höchstpersönlich passiert. Aber wen interessiert das schon? Es gab wohl weit schlimmere Schicksale, die mit mehr Würde und weniger Nervenzusammenbrüchen ertragen wurden!« Eine andere Handschrift ergänzt: »Sehr richtig!«

Ich steige aus dem Lift aus, um das Fahrrad durch den Flur zu schieben. Meine Wohnungstür steht bereits offen. Nach einer Schrecksekunde atme ich erleichtert auf. Mesias wischt den Boden, einen Tag früher als ausgemacht.

Als ich den ziemlich rundlichen, vielleicht 21-jährigen Mann ein paar Wochen zuvor zum ersten Mal sah, fragte ich ihn, ob er Peruaner sei. Er fragte verblüfft zurück, woher ich das wisse. Ich verschwieg, dass seine geringe Körpergröße der Grund für meine Vermutung gewesen war. Er bedankte sich beim Abschied überschwänglich dafür, dass ich ihm diese Möglichkeit für einen Verdienst gebe. Es geht um umgerechnet 5 Euro pro Woche. Ob er einen Tag zu früh oder zu spät kommt, spielt keine Rolle. Er ist ansonsten äußerst zuverlässig, gründlich und freundlich.

Mesias strahlt mich an, als ich das Fahrrad durch die Wohnung auf die Terrasse schiebe.

Hola, Señora Enriqueta! Ich möchte Englisch lernen.
Das sagt er auf Spanisch. Ich antworte – ebenfalls auf Spanisch:
Super! Una buena idea.

Ist Englisch schwer?

Das, was du brauchst, um ein bisschen mit Touristen zu sprechen, ist nicht schwer.

(Er strahlt noch mehr.) Du bist doch Englischlehrerin.

Wie kommst du denn auf die Idee?

Du hast so viele Bücher.

Ja, das sind aber alles Bücher auf Spanisch oder Deutsch.

(Mesias stockt.) Man kann auf Deutsch schreiben?

Ähhh … Natürlich kann man auf Deutsch schreiben.

Deutsch ist nicht Englisch?

Nein, Deutsch ist nicht Englisch.

(Mesias denkt nach.) Es gibt Unterschiede, richtige Unterschiede?

Es gibt auch ein paar Gemeinsamkeiten wie bei Spanisch und Italienisch … Aber … Nein, es gibt viele Unterschiede. Sehr viele.

(Mesias denkt lange nach.) Deutsch ist eine Sprache?

Mesias ist enttäuscht. Die Vorstellung, zwei Fremdsprachen lernen zu müssen, überfordert ihn sichtlich. Ich versuche zu trösten: Fast alle Touristen aus Europa würden Englisch beherrschen und das Wichtigste könne ich ihm durchaus beibringen, ohne Englischlehrerin zu sein. Es kommt nicht zu dem Englisch-Unterricht.

Woher sollte der unbedarfte Mesias mit einer vermutlich sehr simplen Schulausbildung wissen, dass Deutsch eine Sprache ist. Viele von uns vermeintlich gebildeteren Deutschen glauben, dass in Argentinien Portugiesisch gesprochen wird. Oder sie verlegen den Titicacasee nach Afrika, obwohl er auf 4000 Metern Höhe in Bolivien thront. Südamerika und Europa befinden sich schlicht am jeweils anderen Ende der Welt.

Im Jahr 2012 schließt unter großer Anteilnahme vieler Zeitungen und TV-Sender die letzte deutschsprachige Buchhandlung in Buenos Aires. Bis zum Jahr 2020 schließen die beiden letzten deutsch orientierten Antiquariate ihre Türen.

ROBERTO BEIN
und die Koordinaten

16. April 2014. Roberto ist der ältere Sohn von Liesel Bein. Auch er wohnt in Belgrano, in einem Appartement, das sehr sachlich eingerichtet ist. Viele Bücher. Ich bin ohne Team bei ihm. Er setzt sich auf das breite Sofa, ich mache Tonproben, installiere die Kamera und setze mich neben sie.

Du bist in Buenos Aires geboren?
Ja. 1948. Mein Bruder Enrique ist 1952 geboren. Er wohnt in Bariloche mit seiner Frau, seinen Kindern und seiner Enkelin, die fünf Jahre alt ist.
Deine Mutter ist aus Deutschland geflohen und Dein Vater auch. War das ein Thema für Euch in der Familie?
Wir haben ziemlich viel darüber gesprochen, zumal als wir älter wurden. Als ich klein war, haben auch meine beiden Großmütter und mein Großvater mütterlicherseits noch gelebt. Meinen Großvater väterlicherseits habe ich nicht mehr kennengelernt. Er ist zuvor in Deutschland gestorben.
Was hast Du als Kind gedacht, wenn es um die Emigration ging. Wie war der Umgang mit diesem Thema. Und wie, glaubst Du, haben sich Deine Eltern und Großeltern hier gefühlt?
Von meinen Großmüttern weiß ich nicht mehr viel. Sie sind gestorben, als ich sieben und acht Jahre alt war. Aber mein Großvater ist in eine Wohnung gegenüber von uns gezogen, als ich dreizehn war. Ich hatte viel Kontakt mit ihm, bis zu meinem 25. Lebensjahr. Da ist er gestorben.
Er hatte es hier sehr schwer am Anfang. In Deutschland besaß er ein Tapeten-, Teppich- und Farbengeschäft und hier musste er als gewöhnlicher Anstreicher anfangen. Meine Mutter konnte nicht mehr zur Schule gehen und hatte angefangen zu arbeiten, um die Familie zu unterstützen. Meine Großmutter hatte Diabetes, man konnte sie nicht richtig behandeln.

Es ist alles erst ab der Wiedergutmachung besser geworden und seit dem Verkauf eines Grundstücks in Köln, wo ein Hotel meiner Urgroßmutter gestanden hatte, das völlig zerbombt war. Mein Großvater hat dann eine empresa de pintura gegründet, eine Firma für Fassadensanierungen. Er hat sich hier wohlgefühlt, glaube ich.

Aber was mir aufgefallen ist, bei meinen Eltern und ihrer Generation: Sie haben von sich immer als Emigranten und von Emigration gesprochen. Auch noch nach vielen Jahren. Das heißt, die Koordinaten, von denen aus sie die Realität betrachtet haben, blieb immer Deutschland. Für meine Generation war das nicht mehr so. Ich bin in Argentinien geboren. Ich bin kein Emigrant.

Die einen sagen Flüchtlinge, die anderen Emigranten, Exilanten. Einmal habe ich sogar den Begriff »Überlebende« gehört. Das war auf einer Lesung.

Vielleicht hat das mit dem Moment der Auswanderung zu tun. Also im Falle meines Vaters und seiner Mutter, seinem Bruder und seiner Schwester, sie sind schon 1936/37 hierhergekommen, glaube ich, dass die Bezeichnung Überlebende oder Flüchtlinge, etwas zu stark gewesen wäre. Obwohl mein Vater in Deutschland nicht mehr zur Schule gehen durfte. Im Falle meines Großvaters mütterlicherseits war es komplizierter. Er musste sein Geschäft für fast nichts verkaufen. Er konnte nicht mehr arbeiten, er hat die Kristallnacht miterlebt, er wurde an der Grenze geschlagen, als er über Belgien hierherkam. Da war es schon viel schlimmer.

Wenn Ihr über diese Ereignisse gesprochen habt, in welcher Sprache habt Ihr darüber gesprochen?

Auf Deutsch. Mit meinem Großvater habe ich immer Deutsch gesprochen. Er hatte zwar etwas Spanisch gelernt, aber nie sehr gut, und später, als er nicht mehr arbeitete, hat er das Spanisch fast ganz verloren. Da kam das Deutsche wieder hervor. Er hatte in seinen letzten Jahren Arteriosklerose und Parkinson.

Wie habt Ihr darüber gesprochen? Wie kann ich mir das vorstellen? Was waren die Schwerpunkte?

Ich kann mich kaum noch daran erinnern. Das ist für mich immerhin auch schon fünfzig Jahre her. Aber ich erinnere mich, dass mein Großvater nicht nur von dieser Epoche erzählt hat, sondern auch von viel früher. Er war im Ersten Weltkrieg gewesen und er war bis zuletzt stolz auf das Eiserne Kreuz für seine Verdienste. Ich habe noch Postkarten, die er bei seinen Kriegseinsätzen gemalt hat. Er hat auch über die Inflation gesprochen. Er zeigte mir Geldscheine über mehr als eine Million Mark und hat mir alles erklärt. Dann erzählte er, wie er sein Geschäft aufgeben musste.

Weihnachtskarte aus Wolhynien, Ukraine

Sagen wir so: Es war keine kohärente Erzählung über die Auswanderung. Sondern im Laufe der Jahre wurde darüber manchmal gesprochen. Zum Beispiel hat er erzählt, dass sie zuvor Englisch gelernt haben. Sie dachten, sie würden nach Australien auswandern können, und erfuhren erst im letzten Moment, dass sie nach Argentinien kämen. Oder er erzählte, wie das war, als sie aus Mönchengladbach wegmussten und zu meiner Urgroßmutter zogen, die ein Hotel in Köln hatte. Dort verbrachten sie das letzte Jahr. Immer wenn es an der Tür klingelte, sind sie zusammengeschreckt, ob nun die Aus-reiseerlaubnis kommt oder der Befehl, ins KZ zu gehen.
Es ist fast unvorstellbar, wie man diesen Schrecken thematisieren kann, um einem Enkel davon zu erzählen ...
Wie das mit dem Schrecken war, weiß ich nicht. Wohl aber erinnere ich, wie mein Großvater erzählt hat, dass Leute auf der Straße und Kunden im Laden plötzlich weggesehen haben. Oder im Gegensatz dazu andere Leute gesagt haben, Herr Mayer, Sie wissen, dass wir nicht so denken. Bald wird das alles vorübergehen.

War das eine Belastung für Dich, so viel zu erfahren, oder glaubst Du, dass das letztendlich gut war?
Ich glaube, es war letztendlich gut, so viel zu erfahren. Sonst wäre da irgendwie ein schwarzes Loch in meiner Vergangen-heit gewesen und in der Vergangenheit meiner Eltern und Großeltern.
Ich frage das, weil ich kürzlich die Aussage einer 91-jährigen Dame bekommen habe, dass sie mir nichts erzählen werde. Sie habe immer nur die guten Dinge erzählt. Es gab auch gute Menschen, sonst hätte sie nicht überleben können. Mit dem Schlimmen wolle sie ihre Kinder nicht belasten. Ich kann das sehr gut nachvollziehen. Aber sowohl ihr als auch ihrer Tochter, die daneben saß, hat man angemerkt, welch eine Last das ist, das Nichterzählen.
Ich glaube, dass man darüber sprechen muss. Es ist ein Teil der Persönlichkeit dieser Leute. Man versteht dann auch ihre Ängste besser. Zum Beispiel, wie sehr sie durch antisemitische Äußerungen in Argentinien verängstigt wurden, obwohl der

Antisemitismus hier nie groß war. Aber jemand, der das durchgemacht hat, wird dadurch verängstigt.

Du bist hier 1948 geboren. Ungefähr in dieser Zeit sind auch die Nazis mit ihren Kindern hierhergekommen, die sicher nicht auf die Pestalozzischule gegangen sind. Du bist auf die Pestalozzischule gegangen?

Ja.

Gab es trotzdem manchmal Berührungspunkte und wenn, wie ist man damit umgegangen?

Wir hatten überhaupt keinen Kontakt zu Nazis. Ich jedenfalls hatte keinen Kontakt. Als wir Schüler von der Pestalozzischule zum ersten Mal zum »Fest der Jugend« gegangen sind, das ist ein Sportfest, an dem alle deutsch-argentinischen Schulen teilnehmen, wurde über Lautsprecher das Horst-Wessel-Lied gespielt. Da ist die Pestalozzischule geschlossen weggegangen. Es gab dann große Entschuldigungen und in späteren Jahren ist so etwas nie wieder passiert.

Wenn man in Deutschland Nachkriegsgeborener ist, wie ich, Jahrgang 61, hat man seit eh und je ganz große Schwierigkeiten, wenn es darum geht, den Begriff »deutsch« zu mögen, das Deutsche zu mögen. Das fällt uns wahnsinnig schwer. Wir wissen alle, dass es Leute gab wie Beethoven, Bach und Goethe etc., aber das andere wiegt so schwer. Wenn man hier mitbekommt, wie wichtig das Deutsche für viele Exilanten ist, muss man sehr umlernen. Oder kommt mir das nur so vor? Warum ist es so wichtig?

Vielleicht ... Ich hatte mal eine Hypothese, warum die deutsche Sprache über hundert Jahre in Argentinien erhalten geblieben ist und erst seit den letzten zwanzig, dreißig Jahren am Schwinden ist. Es war vielleicht eine Möglichkeit, darum zu kämpfen, was die deutsche Kultur eigentlich ist. Ab den 1930er-Jahren hat die NSDAP hier die deutschen Schulen ja massiv beeinflusst usw. Aber es gab eben auch 45 000 deutsche und österreichische Juden und andere Verfolgte des NS-Regimes. Sie bildeten sozusagen eine Konkurrenz: Mal sehen, wer eher die deutsche Kultur darstellt. Es hat ja alle möglichen Angebote gegeben, wie die *Freie Deutsche Bühne*, die Pestalozzischule,

Buchhandlungen und vieles andere. Es wurden auch Leute eingeladen, zum Beispiel Stefan Zweig und andere Schriftsteller, Künstler, Intellektuelle, die sich der deutschen Kultur zugehörig fühlten. Vielleicht war das Deutsche ihre verlorene Heimat.

Als Bestätigung, dass man nicht entwurzelt ist, dass man etwas hat?

Das könnte sein, vor allem weil sie ja staatenlos waren, offiziell. Aber sie sprachen eben Deutsch und waren, glaube ich, auch stolz auf das deutsche Kulturerbe. Sie haben deutsche Literatur gelesen, deutsche Lieder gehört usw. Es war natürlich eine Mischung. Mein Großvater ist zum Beispiel jeden Freitag in die Synagoge gegangen. Es gab mehrere deutschsprachige Synagogen hier in Belgrano. Dann war er in Israel zu Besuch, danach ist er nie wieder in die Synagoge gegangen.

Was war da passiert?

Ich glaube, dass das Deutsche, die deutsche Kultur und die Synagoge seine Heimat waren, eine idealisierte Heimat. In Israel hat er gesehen, dass es ein reales Land gibt. Das hat vielleicht seine idealisierte Heimat, die einerseits das Deutsche war, wo er die meisten Wurzeln hatte, andererseits das Judentum, erschüttert.

War er religiös?

Nein, er war nicht religiös. Meine Großeltern haben die wichtigsten Feiertage irgendwie gefeiert, aber ich glaube nicht, dass er am Versöhnungstag gefastet hat oder so.

Habt Ihr als Schüler untereinander darüber gesprochen, was Eure Eltern erlebt haben?

Ich kann mich nicht erinnern, dass wir darüber gesprochen haben. Erst als wir so sechzehn, siebzehn waren. Da haben wir zum Beispiel erfahren, dass ein Vater eines Klassenkameraden nicht direkt nach Argentinien gekommen war, sondern auf seiner Flucht erst über China und ungefähr um die ganze Welt gefahren war. Aber allzu viel haben wir nicht darüber gesprochen, nein.

Wir hatten ja auch nicht nur jüdische Klassenkameraden. Wir hatten alle möglichen Leute aus allen möglichen Ländern in unserer Klasse.

Du hast keine Kinder, aber Enrique, Dein Bruder, hat Kinder.
Sprechen sie noch Deutsch?
Wenig. Meine Nichte ist zum Teil bei meiner Mutter aufgewachsen. Sie spricht kaum Deutsch, versteht aber viel. Mein Neffe spricht komischerweise wieder mehr Deutsch. Er ist Bergführer in den Anden und merkt, wie nützlich es ist, wenn er mit deutschen Touristen Deutsch sprechen kann.

Was ist von »man muss einen Schlussstrich ziehen« zu halten, oder von »es soll weitererzählt werden«?
Ich glaube, es muss weitererzählt werden. In meiner Generation kommt ja noch die argentinische Militärdiktatur hinzu. Meine Generation hat so viele tote oder verschwundene Freunde. Eine ganze Generation von Freunden an der Uni, die zwischen zwanzig und dreißig Jahre alt waren, wurden von der Militärdiktatur gefoltert, umgebracht oder sind »verschwunden«. Los desparacidos. Man weiß bis heute nicht, was mit ihnen passiert ist.

Die Militärdiktatur trägt viele Merkmale der Naziverfolgung. Der Unterschied ist nur, dass vorwiegend Leute verfolgt wurden, die politisch links orientiert, gewerkschaftlich engagiert waren oder als Studenten in einem Studentenverbund waren. Aber es wurden auch ganz unpolitische Menschen verfolgt und umgebracht. Ich war sehr befreundet mit der Familie Tarnopolsky.
In ihrem Haus habe ich 1975 sogar mein Diplom gefeiert, mi Licenciado en Letras. Von der Familie hat man den ältesten Sohn, die 15-jährige Tochter Betina und die Eltern in der ESMA, der Escuela de Mecánica de la Armada, umgebracht. Dort wurden sie 1976 zuletzt gesehen. Überlebt hat nur der mittlere Bruder Daniel, weil er zufälligerweise an dem Tag der Abholung bei einem Freund übernachtet hat. Er hat darüber im Jahr 2011 ein Buch veröffentlicht, *Betina sin aparecer* (*Betina taucht nicht auf*). Dass auch die Eltern Tarnopolsky, die selber nicht politisch aktiv waren, umgebracht wurden, sollte exemplarisch wirken, damit andere Eltern ihre Kinder nicht unterstützen, politisch zu agieren. Das steht in dem Buch *Nunca más*, das bereits im September 1984 erschienen ist, ein Jahr nach Ende der Diktatur.*

*Wenn man jetzt mit dem Thema Judenverfolgung in Deutsch-
land ankommt, heißt es oft: Das ist so weit weg, das ist so
lange her, wir haben so viel gemacht, jetzt ist gut. Was fühlt
man da?*
Ja, irgendwann wird es Geschichte. Ich merke es jetzt schon
an meinen Studenten bezüglich der argentinischen Vergangenheit, die viel weniger weit weg ist. Die Studenten sind alle
danach geboren. Sie wissen noch ein wenig Bescheid, weil
ihre Eltern darunter zu leiden hatten. Aber es wird für sie zur
Geschichte, wie der Dreißigjährige Krieg usw. Es wird zu
einer Vergangenheit, die man in der Schule lernt. Aber man
nimmt keinen Anteil daran und ist nicht emotional involviert.
*In vielen Ländern Europas werden in letzter Zeit die rechten
Parteien sehr stark und kommen sogar an die Macht.*
Tja, da hat der Geschichtsunterricht wohl nichts gebracht.
Dieses Anwachsen des rassistischen Gedankenguts ist
natürlich ganz furchtbar. So jemand wie Marie Le Pen, die
eindeutig ganz rechts steht, hütet sich aber, nazistisch zu
wirken, und dementiert Erklärungen, die sie früher abgegeben hat. Sie und die anderen rechtsradikalen Parteien
vertreten, glaube ich, nicht wirklich den ideologischen Hintergrund der Nazis. Sie sind rassistisch, aber nicht aus einem
Fundamentalismus heraus, sondern zum Beispiel wegen der
Arbeitsplätze, die sie in Gefahr sehen. Oder sie stellen es als
Kulturproblem dar. Dass Europa durch Ausländer »enteuro-
päisiert« werde. Und vielleicht wirkt da noch ein ganz anderer Mechanismus. David Viñas analysiert in seinem Buch *Los
dueños de la tierra (Die Herren der Erde)*, dass sich jede
Gesellschaft, jede Zivilisation eine Gruppe sucht, der sie sich
höhergestellt fühlt. Lange waren es die Juden, die »niedriger«
waren. Jetzt wirkt dieser Mechanismus in einem Teil der europäischen Rechten: Wir sind Europäer, wir sind »höhere«
Menschen als die Afrikaner.

Du bist Linguistik-Professor.
Das hat sich so allmählich ergeben. Damals gab es in der
Philologie noch nicht diese zwei Orientierungen: Literatur oder
Linguistik. Linguistik bestand eigentlich nur aus wenigen

Seminaren. Ich hatte zuerst drei Jahre Chemie studiert, aber nicht abgeschlossen. Wegen der Militärdiktatur – ich spreche von der Diktatur von 1966 bis 1973 – waren Tausende Dozenten zurückgetreten, es gab eine Verfolgung an der Fakultät für Exakte Wissenschaften. Heute nennen wir diese Zeit la noche de los bastones largos – die Nacht der langen Knüppel. Es waren nur noch sehr wenige fähige Dozenten da, und das Klima war sehr mies an der Universität. Man musste zum Beispiel seinen Personalausweis an der Tür abgeben, man musste bestimmte Seminare belegen, aber es gab keine Professoren dafür. Sie waren alle rausgeworfen worden oder hatten das Land verlassen. Von 1970 bis 1975 studierte ich Philologie. Dann bin ich während der Militärdiktatur für acht Jahre – von 1976 bis 1983 – nach Barcelona gegangen und habe dort einige Kurse belegt, die mit Linguistik zu tun hatten.

Als ich wieder zurückkam, wurde ich Dozent im Ciclo Básico Común der Universidad de Buenos Aires im Seminar Introducción al Conocimiento Científico. Über die Soziolinguistik merkte ich, dass dafür auch meine Studien in Katalonien interessant waren, und so bin ich zur Linguistik gekommen.

Linguistik für spanische Sprache?
Ja. An deutsche Linguistik bin ich eher durch Zufall geraten. Ich war auch an der Lenguas Vivas Dozent für die Deutschlehrerausbildung. Das war damals eine ganz neue Abteilung. Und da war ein DAAD-Lektor, der vergleichende Strukturen Deutsch-Spanisch unterrichtet hat. Er merkte aber, dass er nicht genug Spanisch für diesen Vergleich beherrschte, und suchte jemanden. Über einen Bekannten am Goethe-Institut habe ich dann einige seiner Seminare übernommen und konnte dazu beitragen, die Übersetzerausbildung aufzubauen. Seit einigen Jahren unterrichte ich dort Linguistik und Diskursanalyse. An der Lenguas Vivas halte ich die Seminare auf Deutsch, an der Philosophischen Fakultät der Universität Buenos Aires auf Spanisch. Sehr spät habe ich noch meinen Doktortitel gemacht, und zwar in Wien im Jahr 2012. Über argentinische Sprachpolitik.

Die vielen Leute, die hier Deutsch reden, sprechen alle
ein ganz anderes Deutsch als wir in Deutschland, auch mit
viel mehr Konjunktiven.
Ja. (lacht) Wenn Praktikanten zum *Argentinischen Tageblatt*
kommen, freuen sie sich immer über die Wörter, die man
dort benutzt, aber in Deutschland nicht mehr. Ich war einmal
in Deutschland und kann mich noch erinnern, wie ich zu einem
Freund gesagt habe: »Ich muss noch den Lappen auswringen.«
Der Freund hat sich sehr gefreut, denn das Verb »auswringen«
hatte er ein halbes Jahrhundert nicht mehr gehört.
Auf welcher Stufe bleibt man in einer Sprache stehen,
wenn man …
Auf keiner, wenn man nicht auswandert.
Und wenn man auswandert, auf der, die man zu dem
Zeitpunkt hatte?
Ja. Aber vielleicht ändert es sich heutzutage wieder etwas durch
das Internet. Durch die Möglichkeiten, deutsche Zeitungen
zu lesen, durch E-Mail- oder Skype-Kontakte kann sich die
Sprache vielleicht wieder ein wenig modernisieren. In meinem
Fall ist es ohnehin ein bisschen anders, weil ich Kontakt zu
Pädagogen und DAAD-Lektoren habe, die aus Deutschland
zu uns kommen. Meiner Mutter aber kommt das Neudeutsche
sehr merkwürdig vor, auch in der Literatur.
Lest Ihr zeitgenössische deutsche Literatur?
Ja, aber nicht viel.
Man kommt hier ja auch kaum ran.
An der Lenguas Vivas kommen wir schon an neue Bücher,
die zum Beispiel die Lektoren mitbringen. Oder über das
Goethe-Institut, dessen Bibliothek jetzt allerdings sehr klein
geworden ist. Sie archivieren inzwischen mehr Filme. Und
natürlich, die Bücher sind doch schon etwas älter.
Ich nehme an, bei Dir spielt es überhaupt keine Rolle, mit
wem Du befreundet bist. Oder spielt es für Freundschaften
eben doch eine Rolle, woher die Leute kommen, welche
Wurzeln sie haben?
Nein, das spielt an sich keine Rolle. Ich kann es im Negati-
ven erklären. Wir hatten in den letzten Jahren einige Abitu-
rententreffen. Wir haben natürlich noch die gemeinsamen

Erinnerungen und mögen uns. Aber wir haben uns ausein-
andergelebt. Ich bin heute viel eher mit Leuten befreundet,
mit denen ich in Barcelona zusammen war. Also, ich bin
hauptsächlich mit Leuten befreundet, die ich dem intellektuellen
Mittelstand zurechnen würde, egal mit welchem Ursprung.

*Ist Dir etwas aufgefallen, worüber Du sagen könntest,
ja, da ist eine Art Unterschied zwischen Deutsch und
Argentinisch, vom Wesen, vom Charakter her ... Gibt es
so etwas überhaupt?*
Es wird von der älteren Generation viel erwähnt und es gibt
diese Stereotypen, die Deutschen seien pünktlich, gründlich,
arbeitsam, ordentlich usw. Aber ich kenne inzwischen viele
junge Deutsche, die nicht besonders pünktlich oder ordentlich
sind. Einen Unterschied sehe ich vielleicht eher an den Institutionen, also zum Beispiel an der Uni. Da gibt es hier sehr
viele Reibereien wegen der Posten und wegen des Gehalts.
Das kenne ich aus Deutschland oder Österreich nicht so sehr,
weil die Leute dort gut von ihren Gehältern leben können und
keine Probleme haben, an Bücher oder Zeitschriften heran-
zukommen. Sie haben auch mehr Ruhe, weil sie nicht von
einem Job zum anderen fahren müssen. Aber sie zanken sich
natürlich auch untereinander um die Posten.
*Allerdings. Gab es bei dir irgendwann einmal die
Vorstellung, jemals in Deutschland zu leben?*
Nein. Vielleicht 1976, als ich aus Argentinien weg bin. Da
war Deutschland eine Möglichkeit. Aber ich war damals verheiratet, und meine Frau konnte kein Deutsch. Außerdem
hatte ich in Barcelona viel mehr Arbeitsmöglichkeiten, zum
Beispiel Bücher vom Deutschen ins Spanische zu übersetzen.
Umgekehrt, vom Spanischen ins Deutsche wurde viel weniger
übersetzt. (Telefonklingeln, Abbruch)

Als ich Roberto am 25. Februar 2020 besuche, ist er noch in
tiefer Trauer über den Tod seiner Mutter. Liesel habe recht schnell
körperlich abgebaut und sei für alles auf Hilfe angewiesen
gewesen. Da sie nicht an Demenz erkrankt war, habe sie
ihren Verfall mit vollem Bewusstsein erlebt und sehr darunter

gelitten. Zum Glück aber konnte sie weitgehend schmerzfrei sterben. Schön sei für sie auch gewesen, noch eine Woche vor ihrem Tod ihren Enkel und einen Neffen gesehen zu haben.

Nachdem Roberto mir geholfen hat, seine Gesprächs-ausarbeitung und das seiner Mutter zu korrigieren, frage ich ihn, ob er noch etwas Aktuelles hinzufügen möchte. Er schüttelt den Kopf und erzählt nur, dass er seit dem Jahr 2016 pensioniert sei, aber immer noch Aufsätze für Symposien und Zeitschriften schreibe. Derzeit arbeite er an einer Zusam-menfassung eines früheren Vortrages für ein Symposium in São Paulo.

Ich spreche ihn auf die Entwicklung in Europa an, mit dem aggressiven Antisemitismus, Rassismus und Faschismus. Mit den Attentaten auf Juden und Muslime und Politiker. Mit dem raschen Anstieg der AfD, mit den Entwicklungen in Polen, Ungarn, weg von einer Demokratie hin zu einer Diktatur.

Roberto ist natürlich über alles informiert und denkt lange nach. Dann sagt er, dass er über diese Entwicklung natürlich sehr traurig sei, dass aber derzeit andere Probleme für Ar-gentinien dringlicher wären. Der nächste Staatsbankrott stehe an. Dann das Problem, dass der wichtigste Handelspartner, nämlich Brasilien, von einem Faschisten regiert werde. Bolsonaro und Trump seien momentan die größeren Probleme für Argentinien.

* *Nunca más – Nie wieder.* Im Dezember 1983 berief Präsident Raúl Alfonsin die Comisión nacional ein, um unter der Leitung des Schriftstellers Ernesto Sábato über das »Verschwinden« der Menschen während der Militärdiktatur aufzuklären. Der Bericht gibt bekannt, dass nachweislich 8961 Personen gefoltert und umgebracht wurden oder verschwunden sind. Dunkelziffern lassen allerdings vermuten, dass die Zahl der Betroffenen deutlich höher ist. Man geht von ungefähr 30000 Menschen aus.

MÓNICA WEISS
und lange Schatten

10. März 2020. Mónica, die jüngere Tochter von Marion Weiss, hat mich in ihr Häuschen in dem Vorort Olivos eingeladen. Sie hat im Garten Snacks und Mate, das argentinische Nationalgetränk, vorbereitet und viele Fotos ihrer Familie zusammengesucht.

Seitdem sie sich vor zwanzig Jahren zum ersten Mal mit dem Thema Flucht und Verfolgung auseinandergesetzt hat, ist es zu einem zentralen Inhalt für sie geworden, erzählt Mónica. Die Beschäftigung mit den »stummen Zeugen« der Geschichte ihrer Familie lässt sie nicht mehr los. »Inge Schaberg, die Leiterin der Cohn-Scheune in Rotenburg, meint, dass ich ein Erbe habe und eine Aufgabe. Das empfinde ich sehr stark, gerade in diesen Zeiten, wo sich weltweit faschistische Parteien breitmachen.«

Über ihre Kunstprojekte sei dieses Thema auch bei ihren ehemaligen Klassenkameradinnen ins Bewusstsein gerückt, die Mónica seit einer Abiturientenfeier wieder regelmäßig trifft. Alle würden sich wundern, dass sie als Kinder und Jugendliche niemals die Fluchtgeschichten ihrer Eltern thematisiert hätten. Auch als junge Erwachsene spielte die Vergangenheit für sie keine Rolle. Erst seit dem mittleren Erwachsenenalter merken sie, wie sehr ihre Biografien durch die Fluchtschicksale der Eltern und Großeltern geprägt sind, und wie viele Parallelen ihre Eltern und sie selber erlebt haben.

Im Zuge der Auseinandersetzung hat Mónica im Jahr 2005 neben ihren Kunstprojekten auch einen ausführlichen Text verfasst. Sie erlaubt mir, mich auf Lange Schatten – Mütter und Töchter zwischen Europa und Argentinien zu beziehen und daraus zu zitieren.

Bei allen Großeltern und Eltern der ehemaligen Klassenkameradinnen blieb Europa trotz Vertreibung »stets der Ort der Sehnsucht«, auch wenn keiner von ihnen jemals wieder dorthin zurückgezogen wäre. Aber sie fühlten sich der Kultur, den Wertvorstellungen, Traditionen und auch der Sprache verbunden. »Das ist keineswegs selbstverständlich«, schreibt Mónica. »Cousinen meiner Großmutter, die nach England oder in die USA emigrieren mussten, haben sich innerhalb weniger Jahre an den neuen Lebensraum angepasst, die Sprache ihrer Verfolger und Peiniger bewusst vermieden und vergessen. Meine Schwester und ich jedoch besuchten die Pestalozzischule.« Mónica wundert sich darüber. Anders als bei den Klassenkameraden wurde bei ihnen zu Hause nämlich Spanisch gesprochen, weil ihr Vater kaum Deutsch konnte. Luciano Weiss stammte aus einer rumänischen Familie und blieb nach der Flucht für ein paar Jahre in Lyon, bevor er nach Argentinien emigrierte. Zeit seines Lebens liebte er Französisch. Auch mit Mónicas Mutter sprach er Französisch. »Es hätte durchaus nahegelegen, wenn meine Schwester und ich auf eine argentinische Schule gegangen wären, oder auf die französische, wie die Kinder des Bruders meines Vaters, oder auf eine englische, wie die Kinder des Bruders meiner Mutter. Die Begründung meiner Mutter stellt für mich auch keine überzeugende Erklärung dar: Man habe sich entschlossen, dass wir uns zunächst der schwierigeren Sprache stellen sollten. Andere Sprachen seien auf der Basis des Spanischen leichter zu erlernen. [...]

Die meisten meiner Mitschülerinnen und Mitschüler waren wie ihre Eltern aktiv in jüdischen Jugendgruppen, Vereinen und religiös orientierten Gemeinschaften.
Meine Eltern aber hielten sich bewusst von solchen Gruppierungen fern. Sie lehnten wie viele europäische Juden die religiösen Vorstellungen ab und sahen sich in der Tradition aufgeklärter und freidenkerischer Grundsätze, wie sie im 19. Jahrhundert entwickelt worden waren. Aber sie waren immer Anhänger der Idee eines politischen Staates der Juden. Meine Mutter und mein Onkel unterstützen auch heute noch den Staat Israel finanziell.
Meine Schwester und ich sind also ohne Synagogenbesuch und Bat Mizwa aufgewachsen. Wir kennen die Daten der jüdischen Feste, feiern sie aber so gut wie nicht. Dafür war

das christliche Weihnachtsfest, solange wir klein waren, ein wichtiger Termin. Auch heute noch stelle ich zu diesem Fest einen kleinen Baum mit Lichtern auf, und es gibt Geschenke. Die seltsame Mischung von jüdischen, christlichen, argentinischen und deutschen Elementen illustriert eine bunte Farbstiftzeichnung, die ich als Kind ›Für Oma y Opa‹ als Weihnachtspräsent angefertigt habe. Darauf sieht man die jüdischen Großeltern mit den beiden Enkeln friedlich vereint unter dem christlichen Weihnachtsbaum. Ein Paar Ski, die ein Kind geschultert hat, darf man wohl als eine Reminiszenz an den europäischen Winter verstehen, der uns damals unbekannt war. Die bunten Blumen repräsentieren unseren Sommer.

Auch wenn uns religiöse Bindungen an das Judentum fehlten, war doch das Bewusstsein der jüdischen Identität seit frühester Kindheit vorhanden. Es gab Juden und Nicht-Juden, und wir waren Juden, eine Tatsache, die als gegeben hingenommen und weder beklagt noch bejubelt wurde. Für das jüdische Bewusstsein sorgten allerdings auch Vorurteile, die ich als Kind gehört und nicht vergessen habe: Die Juden haben Christus ermordet, die Juden haben das Geld, Scheiß-Juden usw. Es ist der Antisemitismus, der zum Juden macht.

Einige Fotos aus den 1970er-Jahren von Sportfesten mit den anderen deutschen Schulen des La-Plata-Raums, an denen ich als gute Sportlerin regelmäßig teilnahm, dokumentieren die Widersprüchlichkeit deutsch-jüdischer Existenz in Argentinien. Man sieht darauf den Einmarsch ins Stadion, die Sportler im Gleichschritt hinter der Fahne mit dem alten Turnergruß und den vier F in Kreuzform (frisch, fromm, fröhlich, frei), alle Teilnehmer ordentlich in Reih und Glied, die Teilnehmerinnen der Pestalozzischule im Dirndlkleid. Die Fotos zeigen, wie lange der Geist vergangener Zeiten in der Fremde lebendig bleibt, und wie sich selbst eine Institution, die sich auf demokratische Traditionen berief, dem nicht entziehen konnte.«

Laut Mónica war bis in die 1970er-Jahre der Nationalsozialismus kein Unterrichtsstoff in der Pestalozzischule. Sie kann sich auch nicht daran erinnern, zu Hause darüber gesprochen zu haben, obwohl ihr immer bewusst war, dass ihre Großeltern und Eltern fliehen mussten.

Wenn Marion hin und wieder als erzieherische Maßnahme auf die Entbehrungen in ihrer Kindheit und Jugend hinwies, stieß das bei Mónica und ihrer Schwester Gabriela auf wenig Verständnis. »Wir reagierten auf das Thema Exil eher abwehrend.«

Freilich wurden die Schwestern doch stark von den mütterlichen und großmütterlichen Erfahrungen geprägt. So lernten sie früh, dass das Beherrschen von verschiedenen Sprachen überlebensnotwendig sein kann. Ihre Großmutter Gerty überlebte nicht nur in Palästina wegen ihrer Sprachkenntnisse – wie schon Marion vorliest, sondern sicherte damit auch das Überleben der Familie in Argentinien, als ihr Mann nicht mehr arbeitsfähig war. Auch Mónicas Mutter überstand nur, weil sie Deutsch, Spanisch, Englisch, Französisch und Italienisch fließend beherrschte. Das Hebräisch, das sie so liebte, ist ihr unerklärlicherweise abhandengekommen.

Früh hat Marion ihren Töchtern vermittelt, dass eine Frau autark von einem Ehemann überleben können muss. Eine Haltung, die in dem katholischen und altmodischen Argentinien der 1950er-, 60er- und 70er-Jahre eher außergewöhnlich gewesen sei.

Marion wollte ihren Töchtern eine Ausbildung zukommen lassen, die sie für alle Schicksalsschläge wappnet. Gemäß den eigenen Erfahrungen schien ihr dafür eine Ausbildung zur Sekretärin am besten geeignet. Mónicas Schwester folgte dem elterlichen »Verdikt, ohne große Begeisterung. Erst Jahre später erfüllte sie sich den Traum von einem Studium (Psychologie). Ich selbst hatte mich schon bei anderer Gelegenheit dem elterlichen Druck gebeugt und darauf verzichtet, die letzten drei Klassen der Sekundarstufe auf einer Schule mit künstlerischer Orientierung zu besuchen. Nach dem bachillerato, dem argentinischen Abitur ließ ich mich aber nicht mehr von meinem Vorhaben abbringen. Ich lernte nicht Schreibmaschine schreiben, sondern ging auf eine Kunsthochschule.«

Rückblickend glaubt Mónica, erst mit dem Schritt auf die Kunsthochschule Prilidiano Puerredon in der »argentinischen Wirklichkeit« angekommen zu sein, in einer hochpolitischen.

»Für meine Mitstudenten war ich ›la alemana‹, die Deutsche. Ich vermute, dass für die Wahl des Namens weniger mein

Familienname, das Aussehen oder die Fähigkeit, deutsche Speisen zuzubereiten, die entscheidende Rolle spielten. Vielmehr dürften meine Mitstudenten bemerkt haben, dass ich mit anderen pädagogischen Grundsätzen aufgewachsen war und die landestypischen Verhaltensweisen nicht so verinnerlicht hatte wie sie. Offenbar hatte der Einfluss der deutschen Großeltern und die Ausbildung in einer deutschen Schule doch tiefere Spuren hinterlassen, als mir bewusst war. Sobald es meine finanzielle Lage halbwegs erlaubte, bin ich in den Semesterferien nach Europa gereist, um dort mit viel Enthusiasmus und wenig Geld in der bitteren Kälte des Winters 1978/79 die Museen und Kunstsammlungen in Deutschland, Österreich, Frankreich, Italien, England, Belgien und den Niederlanden zu besuchen. Das Bestreben, den Quellen der Kunst möglichst nahe zu sein, bewog mich auch vier Jahre später, Europa zu besuchen. Ich reiste abermals mit dem Klassenkameraden und Mitstudenten, der später mein Ehemann wurde. Seine Großeltern in Hannover waren unsere Anlaufstelle. Aber nach einem längeren Aufenthalt in Paris kehrten wir Deutschland den Rücken und blieben dort.«

Dreizehn Jahre blieb Mónica in Paris und fühlte sich dort sehr wohl. Anfangs sprach sie überhaupt kein Französisch, aber sehr bald konnte sie sich gut in der Lieblingsprache ihres Vaters verständigen. Wie sehr sie von der Sprache der Mutter geprägt war, merkte sie nach der Geburt ihres Sohnes im Sommer 1990. »Ich sprach mit dem Baby nicht Spanisch oder Französisch, sondern Deutsch und benutzte die vertrauten zärtlichen Ausdrücke, die Reime und Kinderlieder, die ich von meiner Mutter kannte. Später besuchte mein Sohn eine deutsch–französische Kinder-École, dann die Anfangsklassen einer deutsch-argentinischen Grundschule, heute immerhin noch eine argentinische Waldorfschule, allerdings ohne Deutsch-Unterricht. Sein Deutsch hat er daher fast vollständig vergessen, was ich bedaure, doch nicht als Katastrophe empfinde. Auch die Söhne meiner Schwester haben Deutsch gelernt, aber kaum Gelegenheit, es anzuwenden.

Das war in meiner Kindheit noch anders. Die deutschen Großeltern wohnten wie wir in Belgrano, sodass wir sie oft besuchen, Deutsch sprechen und die von der Wiener Oma bereiteten Speisen kennenlernen konnten. Noch heute backe ich Kuchen nach ihren Rezepten, und Reisen nach Deutschland haben immer auch einen kulinarischen Hintergrund. Dort erwarten mich deutsche Brotsorten, Leberwurst und Heringe, eingelegter Sellerie und Lebkuchen, was alles in Argentinien kaum oder gar nicht erhältlich ist.«

1995 beschloss Mónica, Paris und Europa den Rücken zu kehren und wieder nach Buenos Aires zu ziehen.

»Es gab eigentlich keinen Grund, dies alles aufzugeben, außer dem Bedürfnis, in den vertrauten Raum meiner Muttersprache zurückzukehren, in dem auch mein kleiner Sohn aufwachsen sollte. Trotz der politischen und wirtschaftlichen Krisen, die Argentinien heimsuchten, und obwohl ich mit Malerei meinen Lebensunterhalt in Buenos Aires nicht bestreiten kann, habe ich den Entschluss nicht bereut. Heute scheint es mir so, als habe diese Entscheidung auch eine jahrzehntelange Unsicherheit darüber, wohin ich eigentlich gehöre, beendet.«

Mónicas künstlerische Verarbeitung von Marions Flucht

Mit dieser Rückkehr und über ihre Künstlergruppe »Transit« flammte auch das Interesse an der Geschichte ihrer Familie auf. Sie lernte über die Auseinandersetzung mit der Vergangenheit ihre Eltern neu verstehen. »Meine Mutter und ihr Bruder litten nicht nur unter der Ungewissheit der Situation und den häufigen Ortswechseln, sondern auch unter den langen Phasen der Trennung von den Eltern, besonders von der Mutter. Dieser Zustand war mit der Ankunft in Argentinien nicht zu Ende«, schreibt Mónica. »Mit den Eltern zusammen sein konnten sie nur zweimal im Jahr, während der Sommer- und Winterferien. Bei meinem Onkel Juan führte die mehrmalige Erfahrung der Trennung zu einem Trauma, das jahrzehntelange psychotherapeutische Behandlung nötig machte.

Meine Mutter musste sich in wenigen Jahren an drei Schulsysteme in drei Ländern mit drei unterschiedlichen Sprachen anpassen: Eingeschult wurde sie in Wien, während des Aufenthalts in Meran besuchte sie anderthalb Jahre lang eine italienische Schule – noch heute kennt sie einige faschistische italienische Lieder, die damals zum Programm italienischer Grundschüler gehörten – und in Palästina musste sie Hebräisch lernen. Da ihr dies rasch gelang, sie eine sehr gute Schülerin war, Freunde und Anerkennung fand, brachte der Aufenthalt in Palästina Ruhe und Kontinuität in ihr unstetes Kinderleben. [...] Während ihr auch jetzt noch die Zeit in Palästina wie eine Insel des Glücks erscheint, markiert für sie der Wechsel nach Argentinien in einem sensiblen Stadium ihrer Entwicklung – sie war bei der Ausreise 14 Jahre alt – den tatsächlichen Beginn des Exils.«

Für den Vater war die jugendliche Glückszeit die Phase in Lyon. »Er vergoldete das Andenken an die Zeit in Frankreich sein ganzes Leben lang. Der Einmarsch der deutschen Truppen 1940 hatte diese goldene Zeit abrupt unterbrochen. Mein Aufenthalt in Frankreich erscheint mir heute wie die Abrundung eines unvollendeten Teils der väterlichen Biografie, beinahe wie eine Wiedergutmachung eines schmerzhaften Bruchs, die zu vollziehen mir aufgegeben war.

Eine Aneignung des mütterlichen Teils der Familiengeschichte stellt dagegen meine künstlerische Beschäftigung mit der Emigration meiner Großeltern und meiner Mutter dar. Im Gespräch mit ihr kommt nun auch die ›Zeit vor Argentinien‹ zur Sprache, und ich bin froh, dass sie Antworten auf viele Fragen hat und ich in ihr ein lebendes ›Archiv‹ habe. Wenn ich mich nicht irre, tut der Gedankenaustausch unserem Verhältnis gut. Ich hoffe, inzwischen mehr Verständnis für ihre Schwächen zu haben, und kann ihre Klagen über ihre durch das Exil geraubte Jugend gut verstehen. Und sie, die anfangs den Eindruck machte, wenig mit meinen Bildern anfangen zu können, lässt sich inzwischen davon anrühren und begreift, dass sie auch eine Hommage an sie und die anderen Familienmitglieder sind.«

»Gewandelt hat sich durch die Arbeit auch mein Verhältnis zu dem Land, das meine Großeltern und deren Kinder zu Untermenschen deklassiert, in die Flucht durch die halbe Welt getrieben und beraubt hat.

Künstler, wenn sie nicht prominent sind, haben heutzutage in Argentinien keine Möglichkeiten, ihre Bilder auszustellen oder zu verkaufen. Dass mir in Deutschland die Möglichkeit dazu geboten wird, erfüllt mich mit Dankbarkeit. [...]

Manchmal erhalte ich auch Briefe von Menschen, die mir persönlich nicht bekannt sind. In einem Brief ist zu lesen: ›Sie beschäftigen sich mit Themen, die auch mich beschäftigen. Allerdings mit anderen Voraussetzungen. Sie stammen aus einer Familie, die leidvolle Erfahrungen mit der Nazidiktatur machen musste und weiß, was Faschismus bedeutet. Ich stamme aus einer Familie, in der viele begeistert Hitler zugejubelt haben oder sich still und unauffällig verhalten haben. Einen Widerstandskämpfer habe ich leider nicht in meiner Familie. Ich hatte viele Fragen an meine Eltern und Großeltern, aber bekam keine Antworten. Oder nur den Standardsatz: *Wir haben von nichts gewusst.* So habe ich mir eigene neue Wege gesucht, um an Informationen zu kommen.‹ Derartige Nachrichten freuen mich nicht nur, weil sie eine positive Reaktion auf meine Bilder enthalten, sondern weil ich darin das ernsthafte Bemühen spüre, sich mit einer Vergangenheit zu befassen, die Menschen viel Unrecht und Leid zugefügt hat. Und schließlich registriere ich solche Äußerungen auch als eine Art Wiedergutmachung der schmerzhaften und vielfach gebrochenen Geschichte meiner Familie.«

ELENA LEVIN
und der blaue Engel

Elena Levin, die vielbeschäftigte Psychiaterin, Psychotherapeutin und Professorin reagiert zu meiner Überraschung prompt auf die E-Mail-Anfrage.

Neben ihren vielen Tätigkeiten hat Elena Levin auch ein Buch über deutsche Juden in Argentinien veröffentlicht: *Historias de una emigración (1933–1939) Alemanes judíos en la Argentina*. Das Buch gilt für viele als Basiswerk.

Wir verabreden uns für den 10. März 2020 um 12:00 Uhr. Ich fahre rechtzeitig mit dem Fahrrad zu ihr, damit ich nach der Tour durch die Hitze der Stadt noch ausdampfen und Blumen kaufen kann. Um kurz vor 12:00 Uhr warte ich mit dem Blumenstrauß in der Hand vor dem Gittertor ihres Appartementhauses. Eine kleine Frau kommt energischen Schrittes auf mich zu und lächelt: »Henriette?«

Elena sperrt das Gittertor auf. Wir begrüßen uns mit dem Begrüßungskuss und gehen ins Haus. Sie weist auf die unbesetzte Rezeption. Normalerweise haben wir ja Personal für die Tür, aber …

In ihrer Wohnung überreiche ich den Blumenstrauß. Elena bittet mich, in das Arbeitszimmer zu gehen, während sie in der Küche die Blumen versorgt.

Der kleine Raum ist mit einem Rollladen abgedunkelt, alte Urkunden an den Wänden, davor ein übervoller Schreibtisch, viele Bücher in den Regalen. An den Bücherrücken lehnen auch persönliche Fotos der weltberühmten Pianistin Martha Argerich und des ebenso berühmten Pianisten und Dirigenten Daniel Barenboim. Beide sind in Buenos Aires geboren, kennen sich seit ihrer frühen Kindheit und sind gut miteinander befreundet. Elena kommt mit einem Teil der Blumen in einer kleinen Vase zu mir: »Die sind abgefallen,

das war aber meine Schuld. Ich habe sie versehentlich abge-
schnitten.«

Elena spricht fließend Deutsch bzw. Wienerisch. Ich sage ihr,
dass ich ihr Buch kaufen wollte, es aber weder in Buchhandlungen noch online erhältlich sei.

Ich habe noch Exemplare von der dritten Auflage. Warte, ich
gebe Dir eins. Da muss ich allerdings etwas korrigieren, ein
sehr blöder Fehler, den wir in der vierten Auflage eliminiert
haben.

Ich frage sie nach dem Preis. Sie winkt ab, korrigiert
den Fehler und reicht mir das Buch. Ich spreche sie auf ihr
Wienerisch an.

Es macht mir Spaß, Wienerisch zu reden. Das kommt aus der
Zeit, als ich in Wien studiert habe. Meine Eltern haben aber
in Berlin gelebt. Meine Mutter ist 1909 in Bocholt als Aenne
Meyer geboren und studierte in Bochum und Berlin Odonto-
logie. Sie arbeitete als Zahnärztin in einer Klinik. Es war damals
ziemlich ungewöhnlich, dass eine Frau studierte und eine
Frau Doktor war. Aber ihr Vater, auch ein Arzt, hat das sehr
unterstützt.
    Dann durfte meine Mutter als Jüdin nicht mehr arbeiten.
Allerdings hat ein Kollege mit Hakenkreuz sie geschützt,
und sie konnte noch eine Zeit lang von zu Hause aus Juden
behandeln. Sie hat ihnen Gold in die Zähne getan. Nach
der Emigration konnten sie es rausnehmen lassen und in Geld
umtauschen.
    Mein Vater, Rodolfo Levin (geboren 1905 in Berlin), war
Geschäftsmann. Er und meine Mutter haben sich auf dem Schiff
kennengelernt, das von Marseille aus nach Buenos Aires
fuhr. Das war 1937. Meine Mutter hatte Verwandte, die im
Getreidegeschäft waren und schon länger hier lebten. Anfänglich wohnten wir mitten im Zentrum in der (calle) Arenales.
Meine Schwester wurde 1939 hier geboren, ich 1942. Als
es um die Einschulung ging, wollten meine Eltern, dass wir

auf die Pestalozzischule gehen. Deshalb zogen wir nach Belgrano. Das war damals die absolute Pampa. Da gab es nichts. Meine Mutter fühlte sich strafversetzt. Sie durfte in Buenos Aires ja auch nicht mehr als Zahnärztin arbeiten, weil sie die nötige reválida (Zulassung) nicht hatte. Aber sie hat das alles für meine Schwester und mich ausgehalten. 1967 ist sie gestorben, mein Vater 1998.

»Ich war neun Jahre auf der Pestalozzischule. Mein Vater wurde später für ein paar Jahre sogar Präsident der Schule.

Für mich ist die Pestalozzischule sehr ambivalent. Ich kann natürlich nicht objektiv sein, aber es gab so Mischsituationen mit meiner Familie, die ich bis heute nicht einordnen kann.

Mit vierzehn habe ich bei Edith Silber in ihrer Bücherei ›Peter Pan‹ angefangen zu arbeiten, in der Abteilung für Leihbücher. Ich habe viel von ihr gelernt und sie wurde eine wichtige Ansprechpartnerin für mich, bis zu ihrem Tod im Jahr 2011. Sie fehlt mir sehr.«

Von Edith Silber habe ich schon viel gehört und sage, dass Edith eine sehr engagierte Frau gewesen sein muss.

Ja. Sie war auch eng mit meinem Onkel Leo befreundet, der hunderteineinhalb Jahre alt wurde. Er war Musikkritiker für das *Semanario Israelita*. Eine jüdische Zeitung, die es hier auf Deutsch gab.

Ach! Deshalb sind hier Fotos von Martha Argerich und Daniel Barenboim?

Ja, Barenboim liebte meinen Onkel sehr. Auch mit Martha Argerich war mein Onkel gut bekannt. Ich habe noch viel mehr Fotos von ihnen, auch mit mir zusammen. Leo Levin (geboren 1903) ist von Berlin nach Prag emigriert und erst später nach Buenos Aires gekommen. Als er in den ersten Tagen nach der Ankunft in der Avenida Corrientes herumspazierte, traf er den berühmten Dirigenten Erich Kleiber, der ihn erkannte. Er und mein Vater waren Statisten an der Berliner Oper gewesen. Sie waren die Schwarzen bei der *Aida*-Inszenierung.

Anfangs hat mein Onkel nicht in Buenos Aires gelebt. Er ist nach Rosario gegangen, weil es dort mehr Arbeit gab. Er arbeitete bei Swift, eine Firma, die Fleischkonserven herstellte, und hat sich selber das Spanisch beigebracht. Sehr schnell war er der Einzige, der die Sprache perfekt sprechen und fehlerfrei schreiben konnte. So hat er einen guten Posten erhalten. Später ist er nach Buenos Aires gekommen, um dort im Importgeschäft zu arbeiten. Als 62-Jähriger hat er sein lebenslanges Interesse für Musik und Film umgesetzt und angefangen, Kritiken zu schreiben.

Schon bei den anderen Gesprächspartnern bin ich immer wieder von dem ungeheuren Verlust für Deutschland überwältigt worden, der durch die Vertreibung und Ermordung der jüdischen Mitbürger angerichtet wurde. Bis heute ist der Verlust zu spüren. Und das scheint mir nur zu logisch. Viele Millionen ermordete und geflüchtete Menschen können nicht ersetzt werden. Weder die Menschen noch ihre Erfahrungen und Lebenshaltungen, ihr Wissen, ihre Kunst. Da ist ein Loch. Zumal viele von ihnen und den anderen Verfolgten zur Intelligenz, zur Elite, zu den großen Künstlern gehörten. Sie alle hatten Deutschland mitgeprägt.

Hier bei Elena verdichtet sich die Größe des Verlusts. Vielleicht fühle ich mich derart berührt, weil auch mein Vater Musikkritiker war. Ich sage zu Elena: »Vor gut fünfzehn Jahren habe ich mit meinem Vater eine große CD-Box über die weltbesten Pianisten konzipiert. In dieser Box sind natürlich auch Martha Argerich und Daniel Barenboim vertreten. Ich habe die Biografien der Pianisten geschrieben. Sicher drei Mal musste ich den Satz formulieren: ›1933 emigrierte er aus Berlin nach ...‹«

»Tja, so ist es«, antwortet Elena. »Aber auch Buenos Aires war einmal eine goldene Stadt, in der alle großen Musiker auftraten. Daniel Barenboim saß als Kind sehr oft bei den Konzertproben im Teatro Colón. Besonders beeindruckt hat ihn Wilhelm Furtwängler.«

Elena, ihr Onkel Leo mit Daniel Barenboim und einer Bekannten

Elena springt von einem Thema zum anderen, man kommt kaum hinterher.

Einen Punkt möchte ich aufgreifen. Elena sagt – und schreibt auch in ihrem Buch –, dass die Frauen unter den Flüchtlingen sich besser akklimatisieren konnten als die spezialisierten

Ehemänner, weil sie sofort als Kindermädchen, Putzfrauen und Näherinnen gearbeitet hätten, um die Familien zu ernähren. Außer bei der Mutter von Marion Weiss widerspricht die Aussage ein wenig den Ausführungen meiner Gesprächspartner. Es fiel zwar beklemmend auf, dass einige ihrer Väter nach der Flucht physisch und psychisch zerbrochen schienen und nicht selten früh starben. Zu groß war der Schmerz, alles, was sie aufgebaut hatten, verloren zu haben und nicht mehr in der Lage zu sein, die Familie zu ernähren. Ich stimme Elena zu, dass die Mütter scheinbar besser durchgehalten haben. Vermutlich alleine wegen der Kinder. Aber ich habe doch den Eindruck gewonnen, dass sie sich nur schlecht akklimatisieren konnten, die fremde Sprache nur bruchstückhaft erlernten und meistens nur durch Vermietung eines Zimmers ein wenig Geld für die Familie zuverdienten. Diejenigen, die eine bessere Chance hatten, Fuß zu fassen und Geld zu verdienen, waren ihre Kinder, also die hier versammelten Gesprächspartner. Keiner von ihnen hat die Schule abgeschlossen. Wenn sie überhaupt auf eine Schule gehen konnten, brachen sie sie trotz guter Schulnoten früh ab. Die Mädchen machten meist eine Sekretärinnen-Ausbildung und nutzten ihre Mehrsprachigkeit.

Elena Levin nickt nachdenklich. »An der Academia Pitman war ich auch. Damals gab es den Spruch: Las mujeres del futuro estudian en la Pitman. (Die Frauen der Zukunft studieren in der Pitman.) Aber dann habe ich Medizin studiert.

Unweigerlich muss ich daran denken, wie gerne auch Liesel Bein Medizin studiert hätte. Aber daran war nicht zu denken. Erst ihre Söhne, die wie Elena in Buenos Aires geboren wurden, konnten studieren.

Von 1966 bis 1968 hatte ich ein Stipendium in Wien. Dann ging ich als Stipendiatin vom DAAD nach Deutschland.
Ich bekam noch ein großes Stipendium in Holland zugesagt. Aber mein Schwerpunkt war Psychotherapie und das kann man nur sinnvoll in der Muttersprache praktizieren. Da

ich kein Holländisch konnte, hat man das Stipendium dann doch jemand anderem gegeben.

Seit 1972 arbeite ich in Buenos Aires als Therapeutin. Edith Silber hat mir viele Patienten vermittelt. Alles deutsche Juden. Über die Patienten darf ich natürlich nicht sprechen, obwohl es sehr interessant wäre. Eine Patientin zum Beispiel hat in Berlin noch beim *Blauen Engel* mit Marlene Dietrich mitgespielt.*

Elena sagt, dass es damals wie heute noch Fronten bei den deutschen Immigranten gäbe. Die deutsch-jüdischen und die deutsch-deutschen.

Wir Kinder der deutsch-jüdischen Flüchtlinge sprachen Spanisch miteinander. Die anderen Deutsch. Wir gingen auf die Pestalozzischule, wie die jüdischen Flüchtlinge auch. Marion Bendix zum Beispiel, sie ist ungefähr neunzig Jahre alt, wusste schon vor der Flucht aus Berlin, dass sie hier auf die Pestalozzischule kommt. Die anderen Deutschen gingen zum Beispiel auf die Goetheschule. Die reichen Juden haben ihre Kinder auf eine englische Schule geschickt.
Dieser spezielle Konflikt, den die deutschen Flüchtlinge und Emigranten hier untereinander auszufechten hatten, diese Fronten, obwohl man aus dem gleichen Land stammt, haben auch dazu geführt, dass es kaum Kontakt zu anderen jüdischen Flüchtlingen und Emigranten gab. Man hat sich nicht mit den rusos, also den Juden aus Osteuropa oder den Sepharden, zusammengetan. Und auch nicht mit den Juden, die schon hier waren. Es gab zu große kulturelle Unterschiede.

Diese Aussage bestätigt, was ich schon öfters vernommen und ergebnislos versucht habe zu recherchieren. Es ist kaum möglich, einen Pfad durch den Dschungel der unzähligen deutschen, deutsch-jüdischen, jüdischen, nationalsoziaistisch-geprägten Vereinigungen, Clubs, Zentren aus den verschiedenen Epochen der Einwanderungswellen mit unterschiedlichen Gewichtungen zu finden.

Ein Archiv wird mir genannt, das vorbehaltlos alles über alle deutschsprachigen Einwanderer zu allen Zeiten sammelt. In der Tat. Im DIHA** stapeln sich Nazidokumente neben jüdischen und neutral-deutschen Reliquien aus verschiedenen Epochen. Sogar Material über meine Familie haben die Leiterinnen im Archiv und erhoffen sich mehr Unterlagen von mir. Mein Urgroßonkel wanderte bereits 1880 von Deutschland nach Argentinien aus und gründete eine deutsch-argentinische Handelszeitung. Im Jahr 1901 folgte meine Urgroßmutter mit ihrem Mann, meiner Großmutter und meiner Großtante. Aber nicht ich kann ihnen Informationen liefern. Sie sind es, die mir fehlende Daten nennen. Ich komme aus dem Staunen nicht heraus.

Ich frage Elena Levin, ob sie religiös sei.

Nein, ich bin nicht gläubig. Aber die Geschichte der Juden und die kulturellen, religiösen, philosophischen Traditionen haften mir natürlich an. Außerdem: Wenn ich keine Jüdin wäre, wäre ich nicht in Argentinien. Ich spüre auch, dass wir anders sind. Es gibt einen Unterschied. Ich glaube, ich kann ihn bei jedem Menschen erspüren.

Gut ist nur, dass sich heute die Leute trauen zu sagen, ich hatte einen jüdischen Opa etc. Das war früher nicht so.

Freilich bin ich nicht damit einverstanden, dass jetzt alle ihre Kinder in jüdische Schulen schicken. Sie setzen sich damit bewusst ab. Wir sind in normale Schulen gegangen. Heute gehen die Kinder vormittags in Schulen, die auf Spanisch und Englisch ausgerichtet sind, am Nachmittag auf jüdische Privatschulen, um Hebräisch zu lernen. Viele praktizieren auch das Belgrano-Deutsch. Also dieses Spanisch mit deutschen Versatzstücken. Als ob das Deutsche ein Nobeltitel sei. Das ist es für mich ganz und gar nicht. Ich liebe es nur, Wienerisch zu reden. Das macht mir Freude.

Ha! Eine Frau, die niemals in Europa war und auch nie hinkam, hatte so eine große Sehnsucht nach Europa, dass sie den Stadtplan von Paris auswendig gelernt hatte. Sie kannte jede Straße in Paris.

Noch wissen wir beide nicht, dass auch jetzt sehr bald für lange Zeit niemand mehr von Argentinien nach Europa kommen kann und umgedreht. An diesem Dienstag, den 10. März, gibt es in Argentinien noch keine Corona-Maßnahmen. Außer eine. Alle Besucher aus anderen Kontinenten, die seit dem 1. März ankommen, müssen für zwei Wochen in eine streng kontrollierte Quarantäne. Elena Levin schüttelt den Kopf. »Diese Corona-Panik ist vollkommen absurd. Wir haben hier unser eigenes Problem. Die Dengue-Mücke. Jedes Jahr sterben durch sie viele Tausend Menschen, und kein Hahn kräht danach.«

Ich kann die Berichte über leere Regale in Deutschland und über die Zustände in Italien oder Spanien ebenso wenig einordnen. Europa ist zu weit weg.

Zwei Tage später, am Donnerstag, den 12. März, ändert sich schlagartig alles in Buenos Aires. Theater, Konzerte, Kinos, Milongas werden ab sofort verboten. Die Schulen sollen ab Montag, den 16. März, geschlossen werden. Wie auch der Flughafen für internationale Flüge ab diesem Montag für mindestens dreißig Tage gesperrt werden soll.

Aus den dreißig Tagen werden viele Monate. Der Lockdown in Argentinien übertrifft an Härte die Maßnahmen in Deutschland bei Weitem. Ich danke meinem Instinkt, derart überrumpelt und für ein aberwitziges Geld ein Rückflugticket für den letztmöglichen Tag gekauft zu haben. Und ich spüre in den letzten Tagen in Buenos Aires sehr deutlich: Ich liebe diese Stadt. Die Milongas, das Licht, das Chaos, die Lebensfreude, die freundliche Höflichkeit auf den Straßen. Ich bin glücklich, hier gute Freunde zu haben und auch bei diesem Aufenthalt wieder großartige Menschen kennengelernt zu haben. Aber jetzt möchte ich nach Deutschland.

Auf dem Flughafen von Buenos Aires verschlägt es mir den Atem. Vom ganzen Kontinent stehen Menschen mit ihren gecancelten Flügen in endlos langen Schlangen und hoffen, einen Platz in einer der letzten Maschinen zu erhalten.

Es kommt mir vor wie bei einem Kriegsausbruch. Der Roman *Transit* von Anna Seghers fällt mir ein, der die Situation von Marseille beschreibt, mit all den Menschen, die auf einem der letzten Schiffe Europa verlassen wollen.

Nur weil ich meinen Sitzplatz »Reihe 32 D« schon online buchen konnte, werde ich an den Schlangen vorbei zum Check-in geführt. So fliege ich in dieses Land, wo ich erst im vierten Supermarkt ein paar Rollen Toilettenpapier finde. Gelbes mit Kamillenduft.

* 1929/1930 in Berlin gedreht, Regie: Josef von Sternberg
** Centro de Documentación de la Inmigración de Habla Alemana – Dokumentationszentrum der deutschsprachigen Einwanderer

DIE ANDEREN

Anders als Roberto Bein und Mónica Weiss hatte Thómas Meerapfel durchaus Kontakt zu Nachfahren der Nazis, erzählt er auf der Dachterrasse einer gemeinsamen Freundin. Sein Deutsch ist sehr gebrochen, aber er beißt sich durch. Da ich nicht ahnte, auch hier mit dem Thema konfrontiert zu werden, habe ich kein Aufnahmegerät dabei. Aber seine Erzählungen brennen sich mir ein.

Er wurde nach der Flucht der Eltern und des ältesten Bruders in Buenos Aires geboren und besuchte die Rudolf-Steiner-Schule. In seiner Klasse saßen sowohl Kinder von deutsch-jüdischen Flüchtlingen als auch Kinder der anderen Deutschen. So unterschiedlich die Herkunft der Kinder war, auf allen lastete das Schweigen der Eltern, alle fühlten sich »anders« als ihre Klassenkameraden mit argentinischen Wurzeln. Thómas erklärt das anschaulich an einem Beispiel. »Für uns bedeutete mañana Morgen. Morgen, was Morgen bedeutet. Also Morgen. Für die Argentinier bedeutete mañana sehr zuversichtlich und positiv ab morgen, in nächster Zeit, bald. Wir waren zwar Argentinier, aber wir wurden deutsch erzogen.«

Gegen das Verbot der Eltern, Kontakt mit den jeweils anderen Deutschen zu haben, rotteten sie sich zusammen. Sie rebellierten aus Trotz. »Wie jeder Jugendliche gegen Verbote der Eltern ankämpft«, sagt Thómas. Eine Klassenkameradin fragte ihn, ob er mit ihr zusammen Hausaufgaben machen wolle. Warum nicht. Er begleitete sie zu dem Haus ihrer Eltern und stand in dem großen Wohnzimmer. An der Decke hing ein raumfüllendes Hakenkreuz. An ihm war die Beleuchtung befestigt. Ein Hakenkreuz als Deckenlampe. Er fragte seine Mitschülerin beklommen, was das solle. Sie erklärte: »Meine Eltern spinnen. Lass uns in mein Zimmer gehen.«

Meine engste argentinische Freundin hat eine Überraschung für mich und drängt. Das ist sehr ungewöhnlich. Normalerweise bin ich es, die drängt. Mariela sagt zwar, sie sei »gleich« fertig. Aber dann lässt sie sich alle Zeit dieser Welt, nichts bringt sie aus der gelassen-freundlichen Ruhe, schon gar nicht meine Ungeduld. Meistens erreichen wir dann noch im letzten Moment den Filmbeginn oder das Konzert. Aber ich muss erst einmal entspannen. Ich wäre gerne schon ein paar Minuten früher gekommen, um mich auf das Ereignis einzustellen und noch in Ruhe eine Zigarette zu rauchen.

Jetzt aber drängt Mariela, und wir hetzen in der Abendsonne durch das *Microcentro,* das Hauptzentrum von Buenos Aires, mit seinen breiten Avenidan zwischen den Hochhäusern. Gleich sind wir am Ende des Zentrums, nämlich am Río de la Plata. Vor einem der letzten Hochhäuser bleibt sie stehen. »Wir sind da.« Mariela wird vom Portier begrüßt. Sie kennt den Weg zum Lift. Ich sehe ein Schild und erstarre. »Deutscher Klub«.

»Mariela, da kann ich nicht hin. No es posible.« Sie kichert sich schlapp. Sie merkt, dass ich nicht darauf einsteige und versucht, mich zu beruhigen: Ich werde sehen, dass sich der Besuch lohne. Widerspenstig lasse ich mich in den Lift schieben und versuche zu verdrängen, dass der Deutsche Klub von den Nazis sehr geschätzt wurde. Als ich den Teppich des weitläufigen Klubs sehe, sträuben sich meine Haare in alle Richtungen. Diesen Teppich, mit lauter Kreisen in den Farben der deutschen Flagge gemustert, will ich nicht betreten. Da ich aber nicht fliegen kann, zieht Mariela mich wie einen störrischen Esel hinter sich her. Sie weiß genau, wohin sie will. An die große Fensterfront, hinten links. »Zum Glück sitzt hier niemand. Wir sind gerade noch rechtzeitig. Mirá!« Ich setze mich auf den Barhocker am Fenster, stelle die Füße erleichtert auf die Stütze, damit sie den Teppich nicht mehr berühren, und schaue durch die Fensterfront. Ja, diese Aussicht lohnt sich. Rechts glitzert der Río de la Plata ruhig vor sich hin, in der Schlucht des Hochhausdschungels vor uns ragt der Obelisk in den Himmel. Die Sonne steht direkt über der Spitze des Symbols von Buenos Aires. Der Himmel leuchtet in Pink und Hellblau. Der Kellner stellt zwei Gläser Weißwein vor uns, wir prosten uns zu, die Sonne geht unter, Nacht. Ich lasse meinen Blick durch den Raum schweifen. Überall alte Bilder von deutschen Städten und Ortschaften. Um Mariela die Freude nicht zu verderben, verkneife ich mir meine Kommentare. Aber erst unten auf der Straße, eingehüllt in die brodelnden Nachtgeräusche der Stadt und die wohltuende Wärme des Spätsommers entspanne ich und freue mich auf die Empanadas, die wir essen wollen.

Mariela, mit italienischen und spanischen Wurzeln, hat als Spanischlehrerin viel mit Deutschen und Schweizern zu tun und versteht meine Vorbehalte. Aber so richtig verstehen kann sie mich vermutlich nicht. Sie ahnt nicht, wie oft es vor meiner ersten Argentinienreise hieß: »Ach, du gehst die Nazis besuchen?« Wie scheel ich angesehen wurde, weil meine Ahnen nach Argentinien ausgewandert waren. Die Erklärung, dass dies Jahrzehnte vor dem Auftauchen der Nazis geschehen war, wirkte wie eine faule Ausrede. Und sie weiß nicht, wie wenig in Deutschland bekannt ist, dass vor den Nazis viele jüdische Deutsche in Argentinien aufgenommen wurden.

Auch mir war das anfangs nicht bewusst. Auch ich musste mich umstellen: Ich muss nicht um jedes Lokal mit einem deutschen Namen einen Bogen machen. Ich kann ohne Bedenken in der Bäckereikette »Hausbrot« einkaufen, die dafür bekannt ist, das beste Brot der Stadt zu führen, auch wenn es mit deutschem Brot nicht viel zu tun hat. Es ist lustig, dass die Calle Munich (München) mit ihren einhundert Metern sicher zu den allerkürzesten Straßen auf dem ganzen Kontinent gehört. Und es ist nichts Verwerfliches daran, dass ein deutscher Einwanderer bereits im vorletzten Jahrhundert die Brauerei Quilmes gegründet hat und damit das bekannteste Bier Argentiniens aus der Taufe hob.

Nur nach Bariloche möchte ich immer noch nicht reisen. Freilich ist die Aversion gegen diese berüchtigte Nazihochburg irrational, denn einige meiner Gesprächspartner lieben Bariloche, die »Schweiz von Argentinien«, als entspanntes Ferienziel.

Es ist ein verwirrender und spezieller Konflikt, den Deutsche in sich tragen – und nie abschütteln können. Wir können nicht unverbrämt stolz auf Deutschland sein, das neben vielem Positiven auch das größte Verbrechen der Menschheitsgeschichte hervorgebracht hat. Weder in Deutschland, aber auch im weit entfernten Argentinien nicht. Vielleicht flammt der Konflikt in Argentinien sogar unvermittelter auf, weil hier das jüdische Element und eine bestimmte Haltung weiterleben, die aus Deutschland vertrieben wurden. Vielleicht rückt dieser Konflikt auch näher, weil hier die Militärdiktatur in den späten 1970er- und frühen 80er-Jahren ihr Unwesen trieb. Diese Diktatur spiegelt die Nazidiktatur und seine Aufarbeitung zeitversetzt wider. Die Künstler bereiten derzeit die Verbrechen in ihren Werken auf. Die Mütter und Großmütter der *desparacidos* stehen noch heute in ihren weißen Kopftüchern allwöchentlich auf der Plaza de Mayo, um für Gerechtigkeit zu demonstrieren. Immer wieder verharre ich vor Stolpersteinen, die an die »Verschwundenen« erinnern. Anders als die Messing-Stolpersteine für die Opfer der Naziverbrechen, sind diese Inschriften mit bunten Steinen und Glasscherben

Immer noch werden die »Verschwundenen« gesucht.
(Ausstellungsstück in der ESMA)

umrahmt. Keiner meiner Freunde kann sich überwinden, mich in die ESMA (Escuela de Mecánica de la Armada) zu begleiten, wo während der Diktatur die Verfolgten gefoltert und umgebracht wurden oder »verschwanden«. Ich streife alleine durch das Areal, das heute ein Gedenkzentrum bildet, dem KZ Dachau nicht unähnlich. Wie nah das alles immer noch ist, bebildern auch Fotos über die Fußball-WM 1978 in Argentinien. Die besiegten deutschen Fußballer waren meine Jugendidole.

Elena Levin spricht die besondere Situation der Deutschen in Argentinien an, die dazu geführt habe, sich von allen anderen Emigranten abzusondern und eine eigene Gruppe zu bilden, um in der Fremde Fuß zu fassen. Auch die anderen Gesprächspartner sprechen immer wieder von den »anderen«, den »richtigen« Deutschen. Andererseits wurde während der Naziübergriffe eine Zeitschrift herausgebracht, die sich ebenfalls La otra Alemania nannte, das andere Deutschland. Dieses andere Deutschland mit seinem hohen Ethos und der Kultur, in der die jüdischen Künstler und Intellektuellen einen maßgeblichen Rang innehatten. Die beiden Deutschlands prallten in Argentinien direkt aufeinander.

Der Schriftsteller Robert Schopflocher hilft bei der Sortierung. Er wurde 1923 in Fürth geboren, floh 1937 mit seinen Eltern nach Buenos Aires und schrieb stets auf Spanisch Sachbücher und Romane, später auch auf Deutsch. Im Jahr 2014 konnte ich ihn auf der Feier der Pestalozzischule erleben, 2016 starb er in Buenos Aires.
    2012 hielt er an der Friedrich-Alexander Universität Erlangen-Nürnberg eine große Rede. Sie ist unter dem Titel Buenos Aires. Eine deutsche Kulturinsel 1933–1945. Erinnerungen nachzulesen.
    Ich erlaube mir, aus seinen erhellenden Ausführungen zu zitieren und einiges zusammenzufassen.

»In meiner Eigenschaft als einer der letzten Zeitzeugen beabsichtige ich heute, noch einmal die vielfältige deutsche Kulturwelt vor Ihren Augen aufleben zu lassen, die sich parallel zur Hitlerdiktatur in Argentinien entwickelt hatte. Eine kurzlebige Erscheinung, die aber ihre Spuren hinterließ. Unter den damaligen Kulturträgern, die ich Ihnen vorstellen werde, befanden sich einige meiner Lehrer, andere derselben verkehrten im Hause meiner Eltern. Ich besuchte ihre Konzerte, ihre Vorträge, ihre Theateraufführungen, ihre Bilderausstellungen. Als Halbwüchsiger veröffentlichte ich kurze Aufsätze und meine ersten Gedichte in ihren Zeitschriften. Ich las ihre Bücher. Ihnen verdanke ich die humanistisch geprägte deutsche Bildung einer endgültig versunkenen Welt, als deren Produkt ich mich empfinde.«

Schopflocher schildert die Situation der deutschen Gemeinschaft in Buenos Aires bis 1933. Sie sei »mehrheitlich deutschnational und vaterländisch, […] monarchistisch« eingestellt gewesen. Neben einigen Industriellen bestand die Gemeinschaft hauptsächlich aus Handwerkern, Angestellten, Ladenbesitzern aus dem »Kleinbürgertum«. Deutsche mit demokratischer Gesinnung, die sich mit den »freiheitlichen« Sozialisten zusammentaten und zum Beispiel bereits 1882 den Verein »Vorwärts« gegründet hatten, seien die Minderheit gewesen.

Laut Schopflocher machte es die »deutsche Vereinsmeierei« mit nicht weniger als 158 Vereinen, Organisationen und Kirchengemeinden der »hiesigen Ortsgruppe der NSDAP« leicht, nach der »sogenannten Machtübernahme Hitlers« mit der »Gleichschaltung« zu beginnen. Schopflocher zitiert den Schriftsteller Balder Olden, der nach seiner Flucht 1941 in Buenos Aires ankam und schrieb, dass hier »zwei deutsche Dörfer entstanden (waren), die voneinander nichts wissen wollten.« Die Mehrheit sei »antidemokratisch und aggressiv antisemitisch« gewesen, die »anderen« Deutschen waren die Minderheit. Zu ihnen stießen bis zu Kriegsbeginn die deutschsprachigen jüdischen und politischen Flüchtlinge.

»Jedes dieser Dörfer besaß eine eigene Zeitung, eigene Schulen, ein eigenes Theater und ein eigenes Seniorenheim – beide 1940 eröffnet, das eine von der *Deutschen Wohltätigkeitsgesellschaft*, das andere vom *Hilfsverein deutschsprechender Juden*. Wehe, wer diese Trennungsmauer missachtete!

Balder Olden berichtete von einer jungen Dame, die 1941 fristlos von ihren führertreuen Patrons entlassen wurde, mit der Begründung, sie habe sich in ihrem Privatleben als ›vertrauensunwürdig‹ gezeigt. Man hatte sie nämlich beim Besuch einer Aufführung der *Freien Deutschen Bühne* ertappt.«

Ausstellungsstück in der Pestalozzischule

Hatte es schon vor Hitlers Zeiten Gräben in der deutschen Gemeinschaft gegeben, vertieften sie sich im wirtschaftlichen und politischen Chaos der Vorkriegsjahre. Spätestens zu Kriegszeiten standen »die Mauern« zwischen den Dörfern.

Gleichwohl Argentinien sehr weit vom kriegsgebeutelten Europa entfernt war, konnte man dort alles mitverfolgen und Stellung beziehen. Die Deutschen, alle Argentinier teilten sich nun in zwei »unüberwindbare« Lager.

Nicht so blutig wie in Europa, aber doch spürbar wurde auch hier der Krieg ausgefochten, erörtert Schopflocher. Es gab »gegenseitige Spionage, Propaganda-Feldzüge, schwarze Listen, um den von den Alliierten verhängten Boykott des Imports deutscher Waren zu kontrollieren, die Propaganda und Wühlarbeit der Deutschen Botschaft, all dies spielte sich in Argentinien ab. Wozu sich bei den Emigranten nicht nur die

Sorgen um das tägliche Brot, sondern auch die um die drüben gebliebenen Angehörigen gesellten. Die Berufe dieser meist aus der bürgerlichen Mittelschicht stammenden Einwanderer erschwerten deren Einordnung, da sie zumindest anfänglich Tätigkeiten nachgehen mussten, die sie als Deklassierung empfanden.«

Vor diesem verwirrenden Hintergrund entfaltete sich die deutsche Kulturinsel, aufgeteilt in zwei Dörfer.

»Was für eine absurde Zeit, die mich zwingt bei der Vorstellung eines Künstlers immer eine Bemerkung über seine politische Einstellung und seine ›Rassenzugehörigkeit‹ anzuhängen [...]. Dass das deutsche Kulturgeschehen zum großen Teil von Juden und, wie es im Nazijargon hieß, von ›jüdisch Versippten‹ getragen wurde, lag natürlich an der Zusammensetzung der von Maßnahmen im sogenannten ›Tausendjährigen Reich‹ ausgelösten Fluchtwelle.«

Zwar seien kaum erstrangige deutsche Schriftsteller in Argentinien gestrandet – die wurden von der USA aufgenommen. Die bedeutendste Ausnahme sei natürlich Stefan Zweig gewesen, der im benachbarten Brasilien sein endgültiges Exil fand. Seine *Schachnovelle* wurde 1942 von der argentinischen Buchhandlung Pigmalion mit 300 Exemplaren erstmalig herausgegeben. Schopflocher erwähnt die vielen Büchereien und Verlage. Er nennt auch konkret Buchhandlungen aus dem »anderen Dorf«. So die Goethe-Buchhandlung, wo man mit »Heil Hitler« begrüßt wurde. Die Zeitung dieses Dorfes war die *Deutsche La Plata-Zeitung*. Man traf sich – meine Skrupel waren nicht unberechtigt – im *Deutschen Klub*, »ertüchtigte sich körperlich im *Deutschen Turnverein* und im Ruderclub *Teutonia*.«

Die Psychoanalyse sei hingegen durch jüdische Österreicher in Buenos Aires zur Entfaltung gekommen. Bis heute gibt es hier die meisten aktiven Psychoanalytiker in einer Großstadt. Einige Gegenden des großen Stadtteils Palermo werden »Freud-City« genannt.

Gegenüber den Schriftstellern, die an die Sprache gebunden waren, hätten die bildenden Künstler – Maler, Fotografen, viele Fotografinnen – es viel leichter gehabt, hier zu wirken und auch mit geistesverwandten Künstlern in Kontakt zu treten. Nicht selten entwickelte sich daraus ein »Kultur-Transfer, der sich befruchtend auf das geistige Leben des Gastlandes auswirkte.«

»Besonders segensreich« für das kulturelle Leben in Buenos Aires seien die emigrierten Musiker gewesen, die ebenfalls ihre Kunst ohne Beherrschung der fremden Sprache ausüben konnten. Allen voran profitierte das ehrwürdige Opernhaus Teatro Colón, das damals einen Weltruf wie die Mailänder Scala oder die Metropolitan Opera in New York genoss. Der große Dirigent Erich Kleiber, der seit 1935 nicht mehr in Berlin auftreten durfte, wirkte von 1937 bis 1949 in Buenos Aires. Er lud nicht nur andere Größen am Dirigierpult ein, wie zum Beispiel Arturo Toscanini, sondern auch viele Regisseure, Choreografen, Sänger und Tänzer. Viele Emigranten gründeten eigene Ensembles und Musikzentren. Einige gibt es heute noch.

Hitler als Gaucho verkleidet, von Clément Moreau

Ein Kulturtransfer ging von den vertriebenen Theaterkünstlern nicht unmittelbar aus. Sie waren sprachgebunden. Aber sie gründeten voller Verve kleine Theatergruppen, Kabaretts auf Deutsch und die bereits häufiger erwähnte *Freie Deutsche Bühne*. Ohne jegliche wirtschaftliche Unterstützung gab es hier 25 Premieren pro Saison. Neben anspruchsvollen Stücken wurden auch viele Komödien gespielt. »Wer kann dem aus Flüchtlingen zusammengesetzten Publikum verdenken, dass es das befreiende Lachen suchte, um den Alltag für ein paar Stunden zu vergessen?«

Die Deutschen aus dem anderen Dorf gingen in das *Deutsche Theater*. Dort wurden neben Klassikern auch »Blut- und Boden«-Stücke aufgeführt.

Schopflocher schließt seine Rede damit, dass die Mauern zwischen den Dörfern bis heute nicht endgültig niedergerissen werden konnten. Da aber die Kultur doch hauptsächlich von den Bewohnern des Dorfes der Antifaschisten geprägt wurde, gab es letzten Endes einen »Sieg des Geistes über die Gewalt, die allerdings, versehen mit wechselnden Etiketten, immer wieder versucht, die Menschen zu unterdrücken.«

Omar Massa und sein Bandoneon

Die innerdeutschen Mauern sind im normalen Alltag Argentiniens kaum noch zu spüren. Es überwiegt in der Gesellschaft dieses Miteinander. Diese Kraft, die sich durch Toleranz für Vielfalt und eine Offenheit für verschiedene kulturelle Einflüsse entwickeln konnte. Darunter auch deutsche Elemente, die ihre verschlungenen Wege gefunden haben.

Das Hauptinstrument des Tangos ist das Bandoneon. Sein Namenspatron ist Heinrich Band. Ungefähr ab 1845 hat er in Krefeld das Bandoneon als Nachfolger der Konzertina entwickelt. Zeitgleich entstand das Instrument in Carlsberg mitten im Erzgebirge. Irgendwie geriet diese tragbare Orgel, mit der sich sakrale Musik auch ohne große Kirchenorgel spielen lassen sollte, nach Buenos Aires.

IMO und RENATE MOSZKOWICZ – Begegnung

Im Jahr 2014 treffe ich in München Renate Moszkowicz, die am 31. März 1927 in Graz geboren wurde. Sie erzählt mir ihre Geschichte. Im Juli 2019 erzählt sie die Geschichte ihren Freundinnen aus einem Lesezirkel. Ich bekomme die Tonaufnahme zugeschickt.

In Renates Wohnzimmer steht eine Schuster-Nähmaschine. Sie gehörte ihrem Schwiegervater. Der war ein russisch-jüdischer Flickschuster, der im Ersten Weltkrieg bei Ahlen in Kriegsgefangenschaft geriet und nach Kriegsende dortblieb und im Tiefbau arbeitete. Renate möchte die Nähmaschine als Motto über ihre Geschichte setzen:
  Sie ist dazu da, Dinge zusammenzunähen, nicht zu trennen.

Renates Vater war Armin Dadieu, 1901 in Graz geboren. Für den Ersten Weltkrieg war er noch zu jung, um eingezogen zu werden. Das prägte seine Lebenshaltung: Ein Mann werde erst ein Mann, wenn er am Krieg teilnimmt. Er war ein Nazi der allerersten Stunde. Bereits 1923 trat er der damals noch verbotenen NSDAP bei. 1936 trat er auch der SS bei und wurde 1942 zum SS-Oberführer ernannt. Außerdem hatte er hohe politische Ämter inne und wurde sogar Landeshauptmann der Steiermark. »Mein Vater hat unendlich viele Verbrechen begangen. Ich habe nur einen einzigen Trost. Ihm ist es zu verdanken, dass es bei der russischen Übernahme in der Steiermark zu keinem Blutbad gekommen ist. Aber das macht seine Verbrechen natürlich nicht wett.« In einem Nebensatz sagt Renate auch, dass er diese Naziämter nicht nötig gehabt hätte, da er schon als 30-Jähriger Professor in Physikalischer Chemie war und man nur durch eine Anstellung Gehälter beziehen konnte.

Dadieu muss ein außerordentliches Talent in seinem Gebiet gewesen sein. Er forschte illegal für Hermann Göring
und stellte ebenso illegal an seinem Institut Sprengkörper für
die NSDAP her. Außerdem organisierte er zahlreiche NS-
Kundgebungen. So erfolgreich er war, zu seinem Leidwesen
wurde er nie zum Gauleiter ernannt.

Es scheint so zu sein, und das wird auch jetzt noch von
Forschern akribisch untersucht, dass er selber keine Juden
umgebracht hat. Er hat sogar immer wieder Juden geholfen.
»Er war ein überzeugter, aber ›anderer‹ Nazi. Obwohl er
Nazi war, war er kein Antisemit, auch wenn das niemand
glauben mag. Er hat herzhaft gelacht, dass ich mich nicht
für den BDM interessierte und für die Aufnahmeprüfung
mit Absicht so viele Fehler gemacht habe, um nicht aufgenommen zu werden. Der BDM galt ja als Auszeichnung.
Nur ich und eine Freundin von mir sind nicht aufgenommen
worden.«

1946 wurde Dadieu auf die erste Kriegsverbrecherliste
der Engländer gesetzt, die in der *Wiener Zeitung* erschien.
Bei Kriegsende wurde er von den Russen verhaftet, konnte
aber entkommen und hat sich versteckt. Bei jüdischen Freunden,
in einer Schule. Renate, die bei Kriegsende achtzehn war,
hat Essen für ihn in die Verstecke geschmuggelt. »Er war mein
Vater. Ich wollte ihm helfen. Aber ich war so saublöd, dumm,
noch kein Mensch. Das wurde ich erst durch Imo. Meine
Mutter konnte gar nichts mehr machen. Sie hatte ein großes
Trauma und war wie gelähmt.« Renate ging hamstern und
versorgte ihre Eltern. Während der Vater in den Verstecken
lebte, erhielt er *llamadas*, also Rufe als Professor aus Amerika
und Russland. Aber er wollte weder nach Amerika noch nach
Russland. Er fürchtete, dass es zwischen diesen beiden Ländern
zu großen Problemen kommen könnte.

1948 folgte eine weitere *llamada* aus Argentinien. Auch
Perón wollte den begabten Wissenschaftler für sich arbeiten
lassen. Für seine Flucht musste er nicht wie so viele Nazis
den Weg über den Vatikan und die »Rattenlinie«* machen,
sondern eine Geliebte half ihm, erzählt Renate. Seine Ehe
mit Renates Mutter war zerbrochen.

»Ich hatte damals immer noch nichts begriffen. Ich war auch nicht zerrissen. Ich war absolut unpolitisch und habe mich nur für Kultur interessiert. Zuerst habe ich in Graz Medizin studiert und dann in Wien eine Ausbildung als Fotografin gemacht. Zwischendurch habe ich immer wieder gemodelt.« Renate trennte sich von einem Mann, mit dem sie in »wilder Ehe« lebte. Kurz darauf lebte sie mit einem anderen Mann wieder in »wilder Ehe«. »Wir waren sehr offen. Freilich war es sehr kompliziert. Wenn ich bei Sepp war, kam um 23:00 Uhr immer die Vermieterin und sagte: ›Wenn das Fräulein ein echtes besseres Fräulein ist, dann muss sie jetzt gehen.‹ Das hat uns aber nicht abgehalten, zusammen zu sein.«

Ihr Vater kam als Hans Schober nach Genua, um von dort aus nach Buenos Aires zu fahren. Dort erhielt er einen neuen Pass. Als Professor Pelkofer wurde er Berater der Regierung für Raketentreibstoffe. Renate kam nach. Sie interessierte sich nach wie vor nicht für Politik und auch nicht für das technische Milieu ihres Vaters und suchte sich ihre »eigene Gesellschaft«.

Sie stürzte sich in die vielen kulturellen Angebote, die es in Buenos Aires gab und zu einem sehr großen Teil jüdisch geprägt waren. Ihr »Verlobter« war inzwischen in Los Angeles. Man plante, dass er nachkommt. Um dies zu ermöglichen, musste Renate in Argentinien eine Hochzeit organsieren. Nach über zwei Jahren war es so weit. »Er kam an einem Freitag und wurde über das Wochenende inhaftiert. Am Montag früh wurde er von einem Aufseher mit Maschinengewehr zum Standesamt gebracht. Nach der Trauung zog der Mann mit dem Maschinengewehr ab.«
Drei Jahre später lernte sie Imo Moszkowicz auf einer Party kennen. Vom ersten Augenblick an wusste Renate: Dieser Imo ist ihre große Liebe. Ihr Mann.

Imo wusste damals noch nicht, dass Renate die Frau seines Lebens werden würde. Er war 1954 in Argentinien, um seinen Vater nach Deutschland zurückzuholen. Und er hatte ein ganz anderes Schicksal als Renate.

Imo und Renate in Buenos Aires

Sein Vater war jener russisch-jüdische Flickschuster, Benjamin Moszkowicz, den der Erste Weltkrieg in Deutschland festgehalten hatte. Größte Armut prägte Imos Kindheit. 1925 in Ahlen geboren, arbeitete er wie sein Vater bereits als Jugendlicher im Tiefbau. Ein Schulabschluss war ausgeschlossen, ein Studium eh. Seine Mutter, Chaja, war eine polnische Jüdin, die die deutsche Sprache nur bruchstückhaft erlernte. Sie war Analphabetin. Imo hatte sechs Geschwister, unter anderem einen Zwillingsbruder.

Trotz aller Armut schaffte es sein Vater, 1938 nach Buenos Aires zu entkommen. Ein halbes Jahr später hatte er alle Schifftickets für die Überfahrt der Familie zusammen. Aber dann kam die Reichskristallnacht. Ältere Geschwister von Imo lagen gerade krank im Krankenhaus, die Mutter floh deshalb nicht mit den jüngeren Geschwistern ins sichere Buenos Aires.

Sie alle wurden nach Auschwitz und in andere KZs deportiert. Imo wurde aus Essen bei der RWE abgeholt, wohin er inzwischen verfrachtet worden war. Dort musste er Kohle hacken. »Kohleschwarz« kam er in Dortmund an. Von dort wurde er kohleschwarz durch die »feixende« Bevölkerung zum Zug geführt.** Ebenso rußverschmiert kam er in Auschwitz an. Er stand an der Rampe des Zuges. Die erste Frage, die ihm entgegenschallte, war, ob es Zwillinge gäbe. Da sein Zwillingsbruder schon mit einem anderen Zug abtransportiert worden war, und Imo ohne Zwilling auf der Rampe stand, beschloss er zu schweigen. Renate sagt: »Das war sein erstes zufälliges Glück. Sonst wäre er direkt zu Mengele gekommen.« Da Imo nicht nur im Tiefbau gearbeitet hatte, sondern auch eine Zusatzausbildung als Tischler erhalten hatte, sagte er den KZ-Wächtern, dass er Tischler sei. Er wurde auf die eine Seite geschickt. Dort stand er lange alleine und sorgte sich ungemein. Auf der anderen Seite standen schon viele. Irgendwann kam ein zweiter junger Mann zu ihm und später noch ein paar weitere. Sie hatten alle Handwerksberufe. Die vielen Menschen auf der anderen Seite wurden direkt ins Gas geführt.

Imo und die anderen Handwerker wurden ins nahe gelegene KZ Buna/Monowitz geschickt, um dort den Chemiekonzern IG-Farben aufzubauen, unter den schlimmsten, allerschlimmsten Arbeitsverhältnissen. Er hat es überlebt. Er hat das KZ überlebt und auch den Todesmarsch 1945. Bei diesen Todesmärschen mussten die ausgemergelten, noch lebenden KZ-Häftlinge Gräber ausheben und sind reihenweise gestorben. So auch bei Imos Todesmarsch. Auch als sie von den Russen gerettet wurden, starben sie. An dem ersten Essen, das sie bekamen. Ihre ausgelaugten Körper konnten Nahrung nicht mehr verarbeiten. Sie starben am Essen.

Imos Glück war, dass er nichts essen konnte. Er löffelte ein wenig Zucker und landete ohnmächtig im Spital. Er wachte mit Typhus und anderen Krankheiten auf. Ein Amerikaner bot ihm eine Zigarette an. Er nahm sie an, obwohl er kein Raucher war. »Wie auch«, sagt Renate, »er hatte nie die Möglichkeit, an Zigaretten zu gelangen.«

Dieser Amerikaner saß später auch in einer Stube auf einer Sessellehne, als Imo gefragt wurde, woher er kam und wohin er zurück möchte. Imo sagte: Ahlen. Da sagte der Amerikaner: »Ich wusste doch, dass du ein Moszkowicz bist.« Der Amerikaner war nämlich kein Amerikaner, sondern ein Ahlener, der mit dem Rabbiner von Ahlen verwandt war. Ihm war rechtzeitig die Flucht nach Nordamerika geglückt.

Nun war er als Militärmitglied zum Abrüsten nach Deutschland zurückgekehrt. Unter seinen Fittichen konnte Imo ein wenig zu Kräften kommen. Man gab ihm die Flüssigkeiten aus der Dosennahrung zu essen, damit sein Magen keine feste Nahrung verarbeiten musste. Der Amerikaner organisierte für Imo ein Zugticket nach Paris und eine Wohnmöglichkeit. In Paris solle er warten, bis er von ihm nach Amerika geholt werden könne. Imo saß im Zug. Der Zug musste irgendwo halten, um mit Wasser beladen zu werden. Er hielt bei Ahlen. Imo sagte: »Ich bin zu Hause. Ich steige aus.«

Er ging zu Tante Thres'chen.*** Therese Münsterteicher war eine enge Freundin der Familie. Sie war die Einzige, die die Verbote der Nazis negiert und mit ihren Mitteln alles getan hatte, um der kinderreichen jüdischen Familie in den Verfolgungsjahren zu helfen. Die Familie hatte vor den Deportationen beschlossen, sich bei ihr zu versammeln, wenn sie zurückkämen. Tante Thres'chen öffnete die Türe, sah Imo und ihr erster Satz war: »Wo sind die anderen?« Imo konnte die Frage nicht beantworten. Er wusste zu diesem Zeitpunkt noch nicht, dass er der einzige Überlebende war. Dass seine Mutter und alle Geschwister umgebracht worden waren.

Warum hat er überlebt und die anderen nicht, fragen sich die Damen aus dem Lesezirkel. Renate sagt: »Es gibt so viele Zufälle im Leben. Man weiß im Moment nicht, ob man sich richtig entscheidet oder nicht. Acht Menschen sind abtransportiert worden, um umgebracht zu werden. Bei sieben ist es gelungen. Bei einem nicht. Er hat nichts besser oder richtiger gemacht. Der Zufall hat ihm geholfen.«

Der Bürgermeister von Ahlen fühlte sich verpflichtet, ihm einen sicheren Job zu geben, und setzte ihn auf einen Posten in der Stadtverwaltung, an den sich die hungernde Bevölkerung wenden konnte, um Hilfsgüter zu beantragen. Von denen es keine gab, weil alles ausgebombt worden war. Imo musste ständig »Nein, nein, nein« sagen. Die Stadt könne nicht helfen. Dann stand eines Tages eine junge Frau vor ihm, Christine. Er konnte ihr auch nicht helfen, aber sie sagte, dass sie Schauspielerin sei, in Warendorf bei Ahlen. Dort gab es das erste deutschsprachige Theater, das nach Kriegsende durch die Erlaubnis eines Engländers eröffnet werden durfte. Imo sagte: »Da komme ich mit.« Er schloss die Lagerhallen, gab die Schlüssel ab und ging nach Warendorf. Und spielte mit in Goethes *Iphigenie auf Tauris*. Er spielte den Thoas, die einzige noch freie Rolle. Er, der noch nie etwas mit Theater zu tun gehabt hatte, spielte die männliche Hauptrolle.

Aber in seiner Tischlerausbildung hatte er einen Schauspieler kennengelernt und mit ihm Rollen einstudiert. Das nahm ihn für das Theater ein.

In Auschwitz hatte er zwischen den Leichenbergen, wie Renate schildert, immer wieder Reden für die KZ-Insassen rezitiert. Sie hätten auch ein Theaterstück für die Nazis aufgeführt. Ein »blödes« Stück. Mit einem Kapitän.

Ein Kollege in Warendorf wollte unbedingt nach Düsseldorf, weil der legendäre Gustaf Gründgens am dortigen Theater die Intendanz übernahm und auch die Theaterschule leiten sollte. Imo begleitete diesen Freund und wurde für neun Jahre Assistent von Gründgens. »Als Schauspieler war er nie gut. Aber er sah sehr gut aus. Das ist meine Meinung«, sagt Renate. Er wurde nach Chile eingeladen, um dort zu spielen. Von dort aus wurde er als Schauspieler nach Buenos Aires

gerufen. Und dort suchte er seinen Vater, um ihn nach Deutschland zurückzuholen. Imo wurde gewarnt, dem Vater nichts aufzuzwingen. Auch Gustaf Gründgens schrieb laut Renate einen langen Brief: Dein Vater hat in Deutschland keine Familie und keine Freunde mehr. Egal, wie sehr wir uns um ihn kümmern, er wird alleine sein. Respektiere seine Entscheidung, wenn er nicht mitkommen möchte.

Benjamin Moszkowicz blieb in Buenos Aires. Er lebte unter ärmlichen Verhältnissen und heiratete eine entfernte Cousine. 1960 starb er. Noch heute bewegt Renate die Frage, ob es ein »Fehler« war, dass er nach Argentinien geflohen war, um der Familie zu helfen. Ob nicht sein ältester Sohn besser Fuß gefasst hätte.

Imo kehrte ohne seinen Vater nach Deutschland zurück. Renate aber folgte ihm. »Ich war entschlossen. Ich hatte Sepp nur geheiratet, damit er nach Buenos Aires kommen könnte. Aber ich liebte ihn nicht, obwohl er ein großartiger Mann war. Ich lag mit Sepp einen Tag auf dem Bett und weinte mit ihm. Er hinderte mich nicht zu gehen und wollte mir sogar die Rückfahrt nach Deutschland bezahlen. Aber das wollte ich nicht. Ich modelte so viel, bis ich das Geld zusammen hatte. Wir ließen uns nicht scheiden, weil das in Argentinien nicht möglich war. Aber er wollte mich auch nicht halten. Ich glaube, er dachte, ich kehre eh zu ihm zurück.«

Renate kam bei Freunden in Köln unter. Imo war in Düsseldorf. Das erste Treffen verzögerte sich immer wieder, weil Imo Renate partout mit dem eleganten Wagen von Gründgens abholen wollte, und mit dessen Hund. Renate wusch sich jeden Tag die Haare, um für das erste Treffen hübsch zu sein. Sie trafen sich dann just an einem Tag, als sie nicht die Haare gewaschen hatte. »Sie waren trotzdem noch hübsch.« Das fand Imo wohl auch und lud sie nach Düsseldorf ein. Bei diesem Treffen ging es um die Frage, wo Renate übernachten könne. Bei ihm, in seiner Wohnung, ging es nicht. In Deutschland war es streng verboten, dass unverheiratete Menschen unter einem Dach die Nacht gemeinsam verbrachten. Imo sagte: »Kein Problem. Ich habe ja noch eine zweite Wohnung. Da gehe ich jetzt hin und du kommst morgen nach.« Es gab weitere Treffen, aber alles blieb im Vagen. »Ich habe sehr gelitten. Imo wollte sich nicht festlegen. Ich habe mir das so erklärt, dass er, der so viele Abschiede erfahren hatte, sich nicht auf eine Bindung festlegen konnte.« Aber Renate war entschlossen und auch konsequent. »Bald kamen die Sommerferien. Mein Ziel war es, gemeinsam in den Urlaub zu fahren.« Das gelang.

Dann waren sie ein Paar. Ein seltsames Paar. Der Jude und die Nazitochter, die überdies noch verheiratet war. In einer Ehe, die wegen argentinischer Gesetze nicht geschieden werden konnte. Dazu dieses strikte Verkuppelungsverbot, das in Deutschland jeden verurteilte, der ein unverheiratetes Paar in einer Mietwohnung aufnahm. Dazu das schwere Trauma von Imo vor allen Obrigkeiten. Dazu die Gefahr, dass Renate der Bigamie angezeigt werden könnte, wenn man sich eine provisorische Lösung mit dem argentinischen Scheidungs- verbot überlegt hätte. Ein Status quo, der an Komplikationen kaum zu überbieten war. Aber Renate schaffte es, die amt- lichen Prämissen zu umschiffen, Pässe zu verlieren und neue zu beantragen, Ausreise- und Einreisedokumente zu fälschen, Wohnsitze zu erfinden, argentinische, deutsche und öster- reichische Gesetze zu umgehen. Sie liebte Imo. Er sie wohl auch. »Es gab diesen Moment, in dem er es spürte«, sagt Renate. Aber er konnte es nicht offen zeigen. Jede Nacht wurde er von furchtbaren Albträumen heimgesucht. »Mit meinem bisschen Küchenpsychologie habe ich mich offenbar richtig verhalten. Irgendwann hat er es zugelassen, mit mir zusammen zu sein.«

In seiner Biografie *Der grauende Morgen* schreibt Imo, dass er Renate auch geheiratet hätte, wenn sie die Tochter von Heinrich Himmler gewesen wäre. Das schrieb er aber erst 1996. Da war er bereits ein bekannter Theater- und Opern- regisseur in Deutschland, Israel und anderen Ländern.

1956 konnten Renate und Imo endlich heiraten. Die Ehe hielt trotz Schwierigkeiten weit über fünfzig Jahre bis zu Imos Tod am »11.1.11. – lauter Einsen«, sagt Renate.

Auf meine Frage, wie ihr Vater reagiert habe, dass sie einen Juden heiraten wollte, sagt sie: »Das war sehr schwer für uns alle. Bis zu seinem letzten Atemzug glaubte mein Vater an die Sache. Bis zuletzt war er überzeugt, dass der Gedanke richtig war, die Juden auszulöschen. Ich habe Imo angeboten, den Kontakt zu meinem Vater abzubrechen. Aber Imo wollte das nicht. Er fand meinen Vater sympathisch. Auch mein Vater fand Imo sympathisch. Als wir heiraten wollten, sagte er: ›Heiratet. Imo ist ein toller Kerl. Aber versprecht mir, dass ihr keine Kinder bekommt. Wir wissen doch, wie schwer es jüdischen Menschen gemacht wird.‹«

Imo und Renate haben zwei Kinder bekommen. »Wir haben mit unseren Kindern über alles gesprochen. Natürlich ist das schwer, man möchte seine Kinder ja nicht belasten. Aber Martin und Daniela haben keine Traumata bekommen.« Martin ist ein bekannter Filmproduzent. Daniela arbeitet als Schauspielerin und Mediatorin in Wien und macht es sich zur Aufgabe, die Holocaust-Geschichte in Seminaren an Schüler weiterzugeben. Als Renate noch bei genügend Kräften war, hat sie diese Seminare immer wieder begleitet.

Renates Vater kam 1958 zurück nach Deutschland. Ihm wurde in Stuttgart eine hohe Stellung am Institut für Strahlantriebe angeboten. Später leitete er das Institut für Raketentreibstoffe in Stuttgart, seit 1970 das Institut für Chemische Raketenantriebe. Man habe schon gefragt, wie es möglich sein konnte, dass er solche Angebote bekam, sagt Renate. Auch das israelische Fernsehen habe nachgefragt. »Aber es ist nichts passiert. Er hat dann ja auch noch ein Buch über diese ganzen Raketengeschichten geschrieben.« 1978 starb er in Graz.

»Nein. Imo hat nie mit meinem Vater über all die Sachen gesprochen. Das hat er später sehr bedauert.« Imos und Renates Lebensmotto war, dass es keine Rache auf der Welt geben dürfe. Dass es keine Kollektivschuld gibt. Dass man ein Leben ohne Hass führen muss, weil man sonst nicht frei werden kann. »Aber das, was jetzt wieder passiert, mit diesem neuen Rechtsschub weltweit und in Deutschland würde Imo nicht aushalten. Ich bin froh, dass er es nicht mehr erleben muss.«

Im Dezember 2020 berichtet Martin Moszkowicz zum ersten Mal öffentlich von dem Zusammentreffen seiner Eltern und den Auswirkungen auf ihn und seine Schwester. Es gibt Unterschiede in den Erinnerungen. Ich habe die Erinnerungen der Mutter nicht den Erinnerungen des Sohnes angepasst. Es sind ihre Erinnerungen.

Am 21. Juli 2021 stirbt Renate Moszkowicz.

* Als Rattenlinie bezeichnete man die Fluchtrouten führender Vertreter der Nazis und Angehöriger der SS.
** Zitate aus der Biografie *Der grauende Morgen* von Imo Moszkowicz
*** Nach Therese Münsterteicher wurde in Ahlen inzwischen ein kleiner Platz und eine Gesamtschule benannt.
Imo Moszkowicz sagte über sie: »Diese große stattliche Frau war der personifizierte Widerstand gegen die Nazis. Für die Gerechten dieser Welt werden in Israel, in der Allee der Gerechten, Bäume gepflanzt; Tante Thres'chen verdient einen ganzen Wald.«

DANKSAGUNG

Allen Gesprächspartnern und ihren Familienmitgliedern möchte ich noch einmal herzlich danken. Ein großer Dank gilt auch Juliana Fischbein. Sie ermöglichte die Kontakte zu einigen Gesprächspartnern und ich danke ihr für die Unterstützung bei den Filmaufnahmen. Dieser Dank geht ebenso an den Kameramann Eduardo Safigueroa und an Jannis, ihren gemeinsamen Sohn, der uns als Licht- und Tonassistent half.

Dass ich im Jahr 2014 überhaupt mit dem Projekt beginnen konnte, ist nur einem großzügigen Spender zu verdanken, dem Zeitungsverleger Eberhard Ebner. Danke, Herr Ebner! So konnte ich das Filmteam bezahlen und die Transskripte. Ein großer Dank dafür an Marlies Messinger, die alle Aufnahmen abgetippt hat.

Die Jahre 2015 bis 2018 hielten ein paar Herausforderungen bereit, die mir keinen Raum gaben, die Gespräche auszuarbeiten. Das war erst ab dem Jahr 2019 wieder möglich.

Ich danke meiner Agentin Lianne Kolf und ihren Mitarbeiterinnen, dass sie mir immer wieder den Rücken gestärkt haben. Das gilt auch für meinen Bruder und alle Freundinnen und Freunde, die nicht nur mein Wehklagen stoisch ertrugen, sondern mich immer wieder neu inspirierten. Stellvertretend für alle möchte ich mich bei Maria Schuster, Mariela Gazzola, Catarina von Richthofen und Maximilian Schönherr bedanken. Ein besonderer Dank geht an Michael Eichberger und Manu Meyer, der es kostenlos auf sich nahm, ein Pressefoto von mir zu machen.

INHALT

Fotos:
Die Fotos aus dem Kapitel
»Begegnung« stammen aus
dem Privatbesitz der Familie
Moszkowicz. Alle anderen Fotos sind
von Henriette Kaiser bzw.
wurden von ihr aus Privatbesitzen und
in Ausstellungen abfotografiert.
Das Foto von Henriette Kaiser
ist von Manuel Meyer.

Gestaltung
Thomas Walther, BBK, Dresden

Satz, Bildbearbeitung
Ö GRAFIK, Dresden

Schrift: Futura
Papier: Munken Premium Cream

Druck und Bindung
CPI, Ulm
Printed in Germany

Aus Gründen des Umweltschutzes
schweißen wir unsere Bücher nicht
mehr ein.

ISBN 978-3-86730-236-4

Dieses und weitere Bücher
finden Sie auch im Internet unter
www.verlagfaberundfaber.de